아담의 시간여행
— 아토에서 우주까지

이시경 시집

시인의 말

우연인 것은 하나도 없다.
내가 여행길에서 낯선 아이들을 만난 것도
그들과 광활한 시공간 위의 한 점에서 잠시 노닐었던 것도
그때 누가 다가와 다음과 같이 쓰고 떠나갔던 것도

$$1 = \frac{1}{2} + \frac{1}{4} + \frac{1}{8} + \frac{1}{16} + \frac{1}{32} + \cdots$$

방금 뭇시선을 피해서
수식을 지우고 다른 글자들로 채워 넣으려 했던 것도
그러나 결국은 그렇게 할 수 없었던 것도
결코 우연이라고 생각하지 않는다.

이시경

차 례

● 시인의 말

제1부

프롤로그 ──── 10

현대인 ──── 12

스위칭 히로 ──── 14

유리알 판타지 ──── 16

조울증 ──── 18

벌새와 선인장 ──── 20

귀뚜라미, 그림을 그리다 ──── 22

전자들의 반란 ──── 24

제국의 혁명가 ──── 26

요정 ──── 28

불량회로 이야기 ──── 30

확률의 날갯짓 ──── 32

징조 ──── 34

제2부

댄싱 퀸 ———— 38
허수의 추적자들 ———— 40
타코마 파동 ———— 42
날개를 달았어요 ———— 44
조교가 돌아왔어요 ———— 48
페르마 나라 ———— 52
생성과 소멸 ———— 54
아담의 시간여행 M4220 ———— 56
불새 ———— 60
점액질 바다 3550 ———— 62
허깨비의 우주여행 ———— 64
U가 날기까지 ———— 66
AI 엔젤 ———— 68

제3부

아토나라의 이상한 아이들 ──── 73

양자 얽힘 ──── 76

배내똥 ──── 78

테라헤르츠파 ──── 80

회오리 ──── 82

불확정성의 원리 ──── 84

케플러 신호 압축하기 ──── 86

웅녀의 환생 ──── 88

야경꾼 ──── 90

두 소인국 이야기 ──── 92

결합계수 ──── 94

실험실 아이들 ──── 96

중력파 증후군 ──── 98

제4부

탄炭 ──── 103

나는 누구인가 ──── 104

프레넬의 아이들 ──── 106

외눈박이 포스트모더니즘 ──── 108

궤도를 이탈한 오이디푸스 ──── 110

중력 실험장 ──── 112

소통 진단하기 ──── 114

소멸도 이야기 ──── 116

벙어리가 된 이유 ──── 118

결핍이 재능이다 ──── 120

빙빙 ──── 122

불개미 ──── 124

이상한 족속들 ──── 126

▨ 이시경의 시세계 | 함기석 ──── 128

제1부

프롤로그

폭설로 사슴들 떼로 몰려다니던 로키 산기슭이었지.

쏟아지는 별빛의 무게에도 금방 무너져 내릴 듯 앙상하게, 나 혼자 실험실에 갇혀 있던 때가 있었어. 그 무렵 누가 내게 손짓했어.

그 손짓은 강렬했고 늦가을 은사시나무보다 더 짙은 황금빛깔이었지. 내 귓속에 대고 끈질기게 속삭이며, 내 손을 데리고 실험실 노트 위에서 뛰어놀더니 낯선 기호와 숫자들로 노트를 가득 메웠어. 그 속에는 귀족 같은 수식들이 더러 있었어. 겉모습이 남루해 그들을 체험하고 나서야 더하기와 나누기가 메시야라는 것을 알았지.

사실 난 그들 속에서 성장했던 거야.

나노 계곡을 탐험하다가 이상한 아이들을 만난 것도 날개를 달고 우주여행을 할 수 있었던 것도 그들이 준 알약 때문이었어. 거대한 장벽에 갇혀 탈출을 위해 터널을 파야 하는 경우에도, 양자 우물에 빠져 위로 뛰어올라가야 할 때도, 그들에게서 영감을 받았지.

 골과 마루 사이에서 요동치던 나의 바다는 평온을 되찾고 배는 늘 순항했거든. 그들이 내게는 축복이었어.

현대인
― 투명 유리

나루터에 다가가자 보트가 나타났다.

삯도 받지 않았다. 대신 내 정보를 하나 요구했다.

여러 항구를 거치면서 새 정보를 하나씩 주다 보니 깊숙이 내항으로 들어갈 때쯤 이미 그들은 나에 대해 속속들이 알고 있었다. 뱁새눈에 충청도 말씨는 기본이고 내가 근래에야 머리를 빗는다는 사실도 알고 있었다. 이윽고 하나둘 낯익은 얼굴들이 눈에 띄더니 나를 빼닮은 얼굴들이 항구에 드나들기 시작했다.

나는 항구 분기점에서 n개로 나뉘었다. n개의 보트에 실려 n개의 항구로 가는 사이 멀리 외항에서 들어온 핵 주식 먹거리 정보들이 야윈 내 배를 달래주었다. 더러는 보트 사고로 사라졌지만 나의 분신들은 계속 달렸다. 오대양을 누비며 질식사를 면하려고 m명으로부터 정보를 긁어모았다. 희미한 정보는 디지털 기술로 갈무리했다. 허기지면 휴게소에 들러 카메라에 찍히고 초콜릿 정보를 깨물었다.

문자와 기호를 늘 지니고 다니다 친구를 만나면 얼굴을 맞

댔다. 내가 정보를 하나 줄 때마다 그들도 정보를 하나 주었다. 거듭거듭 항구를 거치고 친구를 만나는 동안 나도 그들의 머리털 개수까지 셀 수 있었다.

  그물 같은 항해 망(網) 속에서
  나는 너의 너는 나의 투명 유리 속이다.

스위칭 회로

 비명 소리에 내 회로에 불이 켜졌다.

 여자는 밤마다 낯선 사내에 쫓겨 사방이 막힌 공간에서 신음 소리를 내고 있었다. 여자의 낯선 비명 소리가 어둠을 뚫고 내게 꽂힐 때마다 나는 황급히 코드 번호를 입력한다. 그 공간으로 연결되는 문은 열리지 않았고, 그때마다 여자는 만신창이가 되어 나왔다. 어느 그믐밤 여자의 방이 몹시 궁금해 여자를 따라 몰래 낯선 회로에 들어갔다. 거기는 천길 어둠에 잠긴 바다, 사람들이 그 위로 시간 속을 자유롭게 떠다니고 있었다. 낯선 사내를 이번에는 실컷 두들겨 주려다 되레 기억을 잃고 그곳에 갇혀 버렸다.

 토네이도 같은 사건들이
 잡귀 소리를 내며 지면 위를 흙먼지 바람을 일으키며 달린다.

 놀음판을 전전하다가 끝내 빚과 자포자기만을 데리고 카인이 최후에 택한 것은 유산을 노린 살인, 결국 돈이었다. 모래 속에 숨어 개미를 노리는 개미귀신들. 원점에서 마이너스 무한대로 떨어지는 로그함수처럼 우주 공간에 널려 있는 무수한 허방들. 뉘 집 딸인지 얼굴 화장을 고치며 술집 앞에서 핸드폰을 꺼내든다. 혼외 아들 문제가 검찰 청사를 태우고 활화산으로 번질 때 아이의 아빠는 몇 번이나 다른 공간으로 숨으려 했을까. 가까이 갈수록 더 궁금해지는 불구덩이. 무너져 내리는 절벽을 붙들고 누군가 잠시 망설이더니 어둠 속에서 절벽 아래로 쏜살같이 사라진다. 코브라처럼 불꽃이 위로 솟구친다. 허수로 된 입력코드 판을 아무리 두드려도 영영 밖으로 나올 수 없는 폐회로 속에서 아우성이다.

꿈이 유일한 해결책인 사건들이 회로를 갈아타려고 하고 있다.

유리알 판타지

1

하늘에서 천사들이 쏟아진다.

물고기들이 천사를 따라 거울 속으로 들어가는가 싶더니 이내 투명 유리관을 지난다. 송사리 떼가 열을 지어 가늘고 긴 유리 터널을 지나 다다른 방. 너울너울 춤을 추며 물고기들이 튀어나오자 방 안이 환해진다. 불을 다루던 마술사들이 부엌에서 가스 불을 들고 튀어나온다. 기다렸다는 듯이 유리창 속에서 가축들이 우르르 몰려나온다. 소 돼지 오리 닭이 칼을 들고 마술사를 뒤쫓는다. 그 뒤로 연어 광어 고등어 그리고 죽은 은어들이 뒤따른다.

마술사가 쫓기다 거울 속으로 겨우 피한다.

2

밤이 되자 거실 화초마다 꽃봉오리가 맺히고

점점 벌어지더니 날개옷 입은 요정들이 나팔을 하나씩 물고 나온다. 나팔을 문 요정들의 나팔 소리에 벌들이 열대 초원을 누빈다. 비둘기가 짝을 찾아 사막의 정적을 깨문다. 여기저기 지하 무덤이 들썩인다. 책상 위 불 꺼진 전등 근처로 벌레들이 모여 문장을 이루고 페이지를 채우더니 한 권의 책이 되어 누군가를 부른다.

3
책 속에서 눈에 광채가 나는 현인이 뛰쳐나오더니

벌레들을 질그릇 다루듯 한다. 문장을 만들었다가 부수고 다시 만들기를 거듭하자 천근 정적으로 방 안이 가득하다. 순간 사냥꾼들이 활을 들고 산과 들로 멧돼지를 쫓다가 길을 잃고 뛰쳐나온다. 금세 소인이 되어 엘시디 근처 천장에 터를 잡고 있다가 거실 문을 향해 짖는다. 이내 지워지지 않는 흔적에 흥분하다가

우수수 천장에서 쏟아진다. 더러는 밖으로 사라진다.

조울증

지구의 역사처럼 거듭되는 함수

긴 행렬을 세우고 소리를 들추면 붉은 기가 돈다

피고 지고 다시 피는 애증의 길거리마다

올해도 베일을 쓴 여인이 풀벌레를 풀어 놓는다

어느 울적한 날, 그들의 발자취를 귀로 너듬다가

보이지 않는 끈에 이끌려 나도 긴 무리 중 하나가 된다

그 속에서 아무리 고함을 쳐도 스펙트럼 한 선에 불과한데

귀뚜라미는 기타를 멘 채 국어사전을 들고 나오고

가을 들녘은 화판을 펼쳐놓고 소리를 담는다

피타고라스가 하프를 켜자 숫자들이

어둠의 늪지를 지나 산비탈을 오르며 또 산을 넘는다

페르시아 병사들의 시체가 널브러져 있는 무덤들

저 염소 떼에게 어떻게 풀을 먹이나

큰소리가 작은 소리를 베어 먹고 잔치를 한다

그대 가면을 벗기면 나타나는 잘 익은 수천 개의 얼굴들

색깔이 중첩되어도 무덤이 되지 않는다

호흡이 다른 사인과 코사인 함수 무리를 이끌고

삼각펄스가 주기적으로 쉴 새 없이 오간다
어느 음정은 빛났고 어느 음색은 맑았다
소리들이 언덕과 골짜기를 오르락내리락하며
숲속 풀잎마다 유충들을 실어 놓는다

한참 뒤, 눈 속으로부터 작은 음성이 들려왔다
겨울이 봄, 봄이라고

벌새와 선인장

양전하에 끌려 음전하로 다가갔다

윙윙거리며 네 주위를 맴돌다가
깊숙이 지르는 일침은 탐심 때문만은 아니었다
너와 내가 일군 저 황량한 산언덕 위
사와로(saguaro) 제국을 보라
목이 메어지게 탈 때 나를 부르면
맨발로 나는 너에게 날아갔지 그리고
구석구석 사막 이야기를 들려주고는
네 꽃으로부터 꿀을 딸 때까지 나는
너의 핵 둘레 궤도를 돌고 돌았지

너와 내가 하나로 아롱져 떨 때
내지르는 지저귐은 원래 지상의 언어가 아니었다
우리들의 떨림 이야기는
황야에 홀로그램으로 묻혀 있다가
동녘에 달이 뜨면 황금 별빛 노래로 울려 퍼져
재규어는 눕고 전갈은 꼬리를 내렸지

그녀의 방은 피시와 티브이만 있는 사막
각종 고지서와 약봉지가 빈 날개로 날아들자
사내는 그녀 곁을 잠시 맴돌다가 떠나갔고
그녀는 벌새를 찾아 제국으로 떠났다

저물어 요양원을 찾은 사내의 하모니카 소리
치매 할머니를 적셔 양전하로 떨게 했다

귀뚜라미, 그림을 그리다[*]

가슴은 끈을 켜는 악기

월하탄금도 속 거문고 현은 어디로 갔을까
달빛을 따라 흘러나오는 거문고 소리
세월의 덧없음이 선비 가슴을 건드리자
화선지 위를 내달린다, 별별 모양으로
작은 끈들이 이리저리 뭉치고 헤어진다
바위틈에서 엿보았는지 귀뚜라미
어둠 속에서 그날 밤을 그린다
입에 붓을 물고 삼차원 공간을 내달린다
어둠은 먹물을 갈았고 별빛은 불을 밝혔다
숨겨진 다차원 속의 현을 번갈아 만지자
점들이 와락 모여 초박막으로 꿈틀대더니
벌떡 일어서는 천문학적 숫자의 끈들
시냇물 소리가 바람 소리가 새소리가 꼬리 흔들며

---

[*] 끈이론에서 기본 입자는 길이가 10^{-33} m 정도인 '진동하는 끈'이다. 입자의 성질이 진동 모드의 특징에 따라서 결정되기 때문에 끈의 진동 패턴으로 입자가 분류된다.

그림 속에서 튀어나와 언덕과 골짜기를 달린다
귀뚜라미의 시퍼렇게 날선 붓질에
걸러지고 가늘게 다듬어져서 내걸리는
들녘 벼 이삭 줍는 아낙의 옹알이

올겨울은 어찌 날까나
새낀 어찌 멕일까나

전자들의 반란

엄청 작은 비행길 타고

절벽 틈 골짜기와 구불구불 해저 터널을 지나

하루는 꼬박 걸리는 알쏭달쏭한 왕국이 있다.

우연히 거기에 간 적이 있지.

하나의 커다란 벌집이었다.

동일한 크기의 방마다 아이들이 일하느라 분주했다.

그 세계엔 규칙이라는 왕이 있고

그를 보좌하는 검열관과 비밀경찰이 있을 뿐.

검열관들은 아이들의 동태를 수시로 체크하여

위에 보고 했다. 아이들의 생각이 허용치를 넘어서면

뇌에 경고등이 켜졌고,

비밀경찰들은 불순분자들을 잡아갔다.

누군가 정적을 깼다.

"우리 탈출할 수는 없나?" 아무도 대꾸하지 않았다. 이곳에서 태어나서 자란 아이들, 대꾸할 수도 없었다. 몇 년이 흘렀다. 또 다른 아이가 말한다.

"우리가 뭐 노예인가?"

 신문사 편집실에 좀 있었던 녀석이 몇 년 뒤에 대답한다. "글쎄 말이야." "꼭 시키는 대로만 해야 하냐?" 대학에서 논문 자료를 심부름하던 녀석이 교수 흉내를 내며 거든다. 이때다. 천문학적인 숫자의 동료 아이들이 몰려들어 이들을 매질한다.

"네가 무슨 왕이라도 돼?"

 또 몇 년이 흘렀다. 티브이가 찌지직거린다. 휴대폰 기판 회로가 뜨겁게 달아오른다. 비밀경찰들이 수시로 불순분자를 색출하여 요덕 수용소로 보내지만 불순분자는 오히려 늘어나고 있다. 감시가 촘촘해질수록 저항도 단단해졌다. 뇌를 빼버리자는 측과 뇌에 칩을 심자는 측 사이에 고성이 오가는 가운데, 프로그래머들의 뇌에도 불이 붙었다는 티브이 자막이 떴다.

"어, 정전이다."

제국의 혁명가
— 빨리빨리

> 지금은 빛의 시대, 속도가 중요한 세상이 되었으나
> 제국은 여전히 고전을 답습하고 있다.

카스트나 다름없었다.

상전이 앞서가면 종들이 뒤따른다. 제국은 철저한 계급사회. 명사 형용사 동사 부사 순으로 다녀야 한다. 순서를 바꾸는 것은 반역, 그것이 율법이다. 제국에서 하는 일은 언어를 자르고 깎고 다듬어서 문장을 만드는 일, 톱질과 망치질 소리가 쉴 새 없이 넘쳐나지만 그러한 제도로는 할당량을 채울 수 없다. 일이 많아질수록 양반들은 풍류에 몰입했고 일은 모두 아랫것들 차지다.

기회를 노리던 어느 날 '빨리빨리'가 부사들을 모아 놓고 소리쳤다. "왕후장상의 씨가 따로 있나?" 그가 앞장서서 담을 넘자, '열심히' '성실하게' '비켜라' '달려' '뛰어라'가 뒤를 따랐다. 충견 '멈춰라'만이 컹컹 짖어댈 뿐.

공장은 이내 멈춰 섰고, 도시 전체가 마비될 지경이 되자
 당황한 제국은 혁명가들과 협상한 후에 이렇게 선포하기에 이르렀다.

 품사들 간에 상하 귀천은 없다.
 부사도 맨 앞에 우두머리로 나올 수 있다.
 부사 홀로 문장을 만들 수 있다.

 빨리
 빨리빨리
 빨리빨리 빨리

다시 공장은 돌아가고 도시는 빌딩숲이 되어 가는데

춘삼월 꽃이 필 때 숲속에서 벌 나비 산비둘기들이 꼭 그랬다.
'구구 구구' '구구 구우' 숨넘어간다.

요정
― 개미의 환생

"하나 더하기 하나는 영이거나
하나 더하기 하나는 넷이거나 무한대이거나……"

화창한 봄날 공원 잔디밭
그 위로 톡톡 튀어오르며 셈을 하는 것들이 있지
날갯짓이 엄청 빨라 그 속도를 가늠할 수는 없어도
윙윙거리는 벌새를 상상해 볼 수 있어

그들은 율동으로 오색을 그리는데
날쌘 요정들의 군무는 북극의 푸르스름한 오로라
온종일 춤추다 힘이 사그라지면 노을이 되지
그들이 좌로 또는 우로 거듭거듭 도는 것은
돈도 사랑도 아닌 습성 때문이지만
갈 길이 정해지면 날개를 접고 살같이 날아가거든
빈자리엔 ㅇㅇ만 남기고

근래에 거기서 이상한 계곡이 발견되었지
그 속엔 무진장 많은 별난 개미들이 있어

암컷과 수컷들이 따로따로 군집 생활을 하는데
암놈들이 골짜기 홀에 웅크릴 때마다
은빛 기슭을 따라 수놈들이 날개를 접고 떼로 몰려들지
어쩌다 수개미가 암개미와 만나 사랑을 할라치면
그 순간 그들은 사라지고 거기서
요정이 튀어나오는 거야

요즘 밤거리가 훤한 것은 이들 때문이라는데
안방 구석까지 온 나라가 활갯짓으로 가득하다는데
누가 개미가 환생했다고 하겠어

불량회로 이야기

애길 업고 할머니 종로 바닥에 엎드린다
새까만 손 내밀 때마다 눈 감는 소리 종일 딸깍거린다

회로들이 회로를 놓고 둘레둘레한다, 불량회로다, 촉수들이 연결 고리를 찾는다, 멋진 회로를 향해서 화장을 한다, 꼬리를 친다, 앉아서도 길을 걷다가도 시신경으로 더듬는다, 회로들이 소라 껍데기에 하나씩 들어가 아무개 행세를 한다, 불량회로다, 말하고 냄새 맡고 방향도 안다, 술이 들어오면 어김없이 부걱부걱 출력되는 회로, 그대는 어떤 회로인가, 불량회로다, 겉껍데기 회로 머릿결에서 냄새를 뿜는다, 킁킁거린다, 코가 땅거미처럼 길어진다, 녹차를 두고 상대를 응시한다, 틈을 노려 달려들기라도 할 듯 껍데기가 손을 떤다, 나불댄다, 불량회로다, 스마트폰 회로를 들여다보며 키득키득, 숫자를 치고 어디론가 삿대질한다, 신호가 일그러지다 엉킨다, 뚜 뚜 뚜 뚜, 불량회로다, 다시 건다, 인사동 찻집에서 주식 이야기를 띄우고 희끄무레 마이너스회로들이 뜨거워진다, 불량회로다, 웅웅거린다, 대개 플러스회로 중에 육식이 많다, 고기만 보면 환해진다, 종로 보도 위에서 하루가 버거운 회로가 바닥에 뒹군다,

검댕투성이, 불꽃, 찌 지 직 찌 직, 불량회로다, 손자뻘 청년 하나 그 옆에서 담배를 비스듬히 꼬나물고 불량회로 입구를 찾고 있다, 불통이다, 누군가 땜질 가방을 들고 119 헬리콥터에 올라 시공과 스펙트럼 위를 달린다, 불량회로들이 불량회로를 베낀다.

   회로 속의 마이크로 회로들, 고혈압 암환자는 십대 손녀가 맡긴 증손녈 업고 불량회로 위를 달리다 뇌출혈로 쓰러진다, 땜질 도구는 폐기 중, 큰났다 큰났다 할머니, 막힌 회로 계기판 바늘이 21그램 가늘게 떤다.

확률의 날갯짓

원시림으로 반쯤 가려진 깊은 동굴 입구

어린아이가 서성이다가
호기심의 뿌리를 잡고 동굴 속으로 깊숙이 내려갔다
동굴 입구 근처에선 봉황, 현무, 해태의 뼈들이 나왔다
그 안으로 수직으로 박혀 있는 또 다른 동굴
수억 년 동안 발견되지 않은 우물 하나 나타났다
우물 안에는 아이 하나 겨우 발 디딜 정도의 계단이 있다
아이는 연거푸 돌을 던져 깊이를 확인하더니
궁금증을 흩뿌리고 사라졌다

여러 해 지나는 동안, 괴 생명체 하나

동굴 이끼를 뜯어먹고 자라 새끼를 치더니
동굴에서 가시로 덮인 생명체들이 기어나온다
그들은 환경에 따라 색깔도 울음소리도 달라졌다
어미가 울 때마다 변종 새끼들도 따라 우는데
비바람 몰아치는 날이면 날마다

원시 습지는 카오스모스로 그득했다

언제부턴가, 늪에서 뭍으로 튀어 올라
게걸스럽게 지상의 것들을 먹어 치워버리더니
영과 하나 사이의 소수들을 무수히 세상에 뿌려 놓았다
그들은 노화가 없는 무병장수의 생명체

이중 물결무늬의 퀀텀 날개를 달고
꺼져가는 곳이면 어디든 날아가 불새로 비상한다

징조

두꺼비 떼가 지하철에 출몰한다
세도나의 붉은 빛깔을 띠고

　　　　　　　새끼 밴 고양이
　　배를 누가 발로 찼나　　　　쓰레기 먹고 자란
　　절름발이 고양이를　　　　　누가 절벽으로
　　모나 저승에서 방　　　　　　금 나온 저 고양이
　　고슴도치처럼 잔뜩　　　　　부풀리고 몸을
　　떨어 천둥소리를　　　　　　낸다 거친 숨을
　　　　　고르며 눈에 번갯불을
　　　　　　　지핀다

저 말굽에 푹 파인 지면들
깨진 시멘트 바닥은 그들이 뛰어다닌 자국
점점 더 날갯짓을 가속하다가
추운 날엔 속도를 높이고 원색 옷이 으뜸이라고

짐승의 털을 걸치고 거울 앞에 선다

혀를 날름거리는 검은 망토의 세력
펄럭일 때마다 시커먼 손들이 나와 바벨탑을 흔든다

곰 돼지 개새끼가 날아다니고 휙휙
사소한 일에도 꿩 닭들이 덤불에 머리를 박는다

겨울에는 날다람쥐의 날개도 눈발이 된다
시대가 점프했다는 것을 알게 될 때까지
귀가 퇴화한 카멜레온은 그저 기다릴 뿐이다
긴 혀를 발 대신 거미줄에 얹고
먹이가 촉수를 자극할 때까지 기다렸다가
그대로 삼키면 되는 것이다

죽은 나비를 부르며
혀끝에서 나온 말들이 새털처럼 떠다니다
벽에 부딪쳐 하얗게 일그러진다

스크린 도어의 핏자국, AI 그림자를 피해
여기저기 봄동들 파릇파릇 돋아나다가
살벌한 속도 앞에서 축 늘어진다

앞다리가 나와서 빛의 날개가 된다

제2부

댄싱 퀸

그들은 이른 아침부터 짹짹거리며 창문을 두드린다.

통 통 통
$E=hf$ $E=hf$ $E=hf$ *

그들은 날마다 멀리서 포르르 날아온다. 한 마리 두 마리 아니 천문학적 숫자이다. 그들은 마당 위로 이리저리 뛰어다닌다. 그들은 어둠의 조각들을 쪼아 먹는다. 그들은 지상에서 온종일 뒹구는 아이. 붉은 놈보다 푸른 놈이 힘이 더 세다. 그들은 철새들처럼 떼로 몰려다닌다. 그들은 떨림의 덩어리들. 공연은 맛보기.

그들은 빛이 닿는 곳마다 빠르게 무리지어 날아간다. 세상은 그들의 몸짓과 빛깔로 물결친다. 그들은 암호화된 군무. 그들은 휴대폰만 열어도 떼구루루 쏟아져 나온다. 타고난 춤꾼들. 그들은 세상 이야기를 맥박 속에 숨겨 놓거나, 옷의 색깔

---

* 광자의 시대가 도래했으니 어서 깨어나라고 거듭거듭 외치는 소리, 지금 양자의 바다에서 광자들이 넘실댄다.

속에 묻어 두거나, 심지어는 편협한 생각 속에 가두어 놓았다
가 꺼내서

  춤을 춘다,

  너와 나의 삶의 한 장면 한 장면마다.

허수의 추적자들

아직도 꿈틀거리는 수수께끼들

항공기가 태평양 상공에서 홀연히 사라졌다
누군가 두 개의 렌즈로 어둠 속을 응시하다가
군인들이 쏟아져 나왔고 정부는 이를 바로 알아챘다
노에 섬에서 실종된 아이들 소식이 한 점 빛으로 들어왔다
저 자국들을 취조하면 뭐가 나올까

뉴턴은 일찍이 거울이 키라는 것을 알았다
엉킨 자국끼리 격리시키기에는
도시를 피해 산꼭대기로 가는 것으로는 부족했다
결국 궁금증이 대기를 뚫고 안테나를 우주에 보냈다
큰 거울을 잘 갈아야 애기의 손짓 발짓도 읽을 수 있다
날아드는 흔적을 모아 보면 정말 얼굴이 나올까

아이인지 어느 괴물인지 흘린 단서들
몇몇 도망자의 눈꼬리를 그리는 데 십 년도 모자랐다
별빛이 흐릿해도 끝까지 쫓아야 한다

두 거울을 지나 비로소 몽타주들이 하나씩 그려졌다
이목구비가 들어날수록 도망자들의 숫자는
거울 안에서 미친 레이저 빔처럼 날뛰고 있고
몸을 숨긴 채 허수만 내놓고 다닌다

살아 있는 것은 먼지 폭풍뿐인 사막
고수들을 뽑아서 낯선 행성 사막까지 자객을 보낸다
핏덩이들이 어미를 부르는 소리가 광선검을 따라 번득인다
추적자들을 피해 몰려다니던 낙타의 뼛조각들이
시간의 언덕을 넘으며 내는 마두금 소리

형사들이 한밤중에 일제히 일어선다

타코마 파동

줄 하나에 자식이 매달려 있다
구순 노모와 병든 아내의 무게가 더해져서 느려진다

속도에 비례하는 힘이 누굴 부르자
후크가 주위에 있는 애들과 함께 빌라로 몰려든다

불을 켜고 빌라 골목에 들이닥친 경찰차
뜰과 옥상 사이에서 오락가락하던 상념들이 탐조등을 비춘다
누군가가 실려 가야 한다고
분양을 알리는 풍선이 목에 줄을 맨 채 방방 뛴다

백수 아들은 애비에 붙어 수시로 진동하는데
아내는 남편과 아들 사이에서
꺼져가는 분자의 회전운동처럼 시나브로 울기만 한다

경찰차가 검정색 점퍼 차림의 남자를 태우고 간다

정초부터 빌라 골목에 부는 바람이

타코마 다리에 불었던 바람보다 더 간사하고 집요하다*

핵 안개 속에서 외부에서 부는 사소한 바람에도
주파수 $\omega_0 = \sqrt{k/m}$ **로 공진할까 봐
아버지들이 전전긍긍한다

---

* 미국 타코마 시에 1940년 7월 현수교가 세워졌는데 넉 달 만에 외부에서 부는 바람으로 다리가 서서히 진동하다가 붕괴되었다.
** 단순 진동자에서 공진 주파수는 $\omega_0 = \sqrt{k/m}$ 이며, 여기서 m은 삶의 무게를, k는 인간의 적응력을 은유한다.

날개를 달았어요

공과 대학 강의실이다.

교수가 조교 A를 데리고 강의실에 나타난다.
손에는 수학책 한 권이 들려 있다. 강의실은 학생들로 반쯤 차 있다.

(학생들이 웅성거린다)

교수는 아랑곳하지 않고 프로젝터 빔을 켜고
스크린에 변장술에 대한 ppt화일을 띄운다.

교수: 오늘은 변장술에 대하여 공부하겠습니다.
　　　수업 들어가기 전에 혹시 질문 있으면 하세요.

학생들: *(뭐야? 진도나 나가시지)*

(그사이 늦게 온 아이들 때문에 교실이 소란하다)

교수: 우선 변장술은 변환하는 것인데요,

　　변장술사 푸리에가 직접 시범을 보이겠습니다.*

　(교수가 푸리에를 부르자, 책 속에서 나와 스크린 속으로 들어간다)

변장술 시범이 순서대로 진행된다.

1. 조교 A가 앞으로 나간다

2. 변장술사가 A에게 그의 옷을 입힌다: Ae^{-iwt}

3. 변장술사의 주문이 시작된다** : $\int Ae^{-iwt}dt$

---

* 푸리에 변환을 하면 보이지 않던 신호의 주파수(ω)들이 드러난다. 이것은 공간 이동의 개념으로 이해할 수 있다.
** 푸리에 변환을 하려면 변환시키려는 A에 복소지수 함수 (e^{-iwt})를 곱한 후에 적분($\int dt$)을 하면 된다.

4. 주문이 끝나자 A가 익룡 β가 되어 밖으로 날아간다.***

(학생들 눈에는 조교만 보이고 변장술사와 날아가는 β는 보이지 않는다)

교수: 그러니까, 변장 또는 변환한다는 것은 날개를 다는 겁니다.
 나비가 날개를 달면 땅속 2차원의 세계를 넘어서
 3차원의 세계를 볼 수 있는 것처럼 변장술도 그렇습니다.

학생1: (순 엉터리야)

학생2: (횡설수설, 그래 완전 쓰레기야)

학생3: (뭔가 흥미롭긴 한데 글쎄 잘 모르겠어)

*** A가 β(베타)로 푸리에 변환되어 날아간다. β의 모습은 아래와 같다.
$$\beta = \int_{-\infty}^{+\infty} A\, e^{-iwt} dt$$

교수: (학생들을 바라보면서) 혹시 질문 있나요?

(웅성거리던 교실이 갑자기 얼어붙는다. 적막이 1초 2초…
한 학생이 손을 들려다가 아이들 눈치를 보더니 접는다.
교수 눈을 피해 숨은 눈들이 책상 위에 박혀 별처럼 반짝인다)

교수가 답답해하다가 시계를 들여다본다.
벌써 수업 시간 1분 오버다.

스크린이 올라간다.

조교가 돌아왔어요

무대가 펼쳐진다

노 교수가 혼자서 강의실에 나타난다.
손에는 공학수학 책이 들려 있고 강의실은 학생들로 가득하다.

    (학생들이 조교를 찾느라고 둘레둘레 한다)

교수: 오늘은 역변환술을 공부하겠습니다.
    혹시 지난 시간에 배운 변장술에 대해서 질문 있나요?

학생들: (뭐였더라?)

    (교수가 동영상을 띄운다)

교수: 우선 역변환은 원래 모습으로 돌아오는 것인데요.*
    푸리에가 지난번에 익룡으로 날아간 조교를 대상으로

---

* 「날개를 달았어요」에서 푸리에 변환을 통해서 A가 β가 되어 날아갔지만, 푸리에 역변환을 통해서 다시 A의 원래 모습으로 돌아온다.

직접 시범을 보이겠습니다.

(변장술사 푸리에가 책 속에서 나와 동영상 속으로 들어간다)

교수: 동영상 속의 세계는 특수 안경을 써야 보입니다.

학생들: (안경을 하나씩 받아서 쓴다) 와아!

학생1: 저거, 쥐라기 평원 아니야? 공룡들 천지잖아.

학생2: 백악기야. 하늘을 나는 익룡들 좀 봐.

변장술사가 익룡 하나를 불러서 역변환술을 시도한다.

1. 익룡 β가 날개를 접고 내려앉는다

2. 푸리에가 β의 날개를 떼내고 그의 옷을 입힌다: βe^{iwt}

3. 변장술사의 마술이 시작된다** : $\int \beta e^{iwt} d\omega$

4. 역변환 마술이 끝나자 익룡 β는 사라지고 그 자리에 A가 쓰러져 있다.***

(학생들 눈에는 털북숭이 유인원만 보인다)

교수: *푸리에의 마술을 통해서 조교가 무사히 백악기를 다녀왔습니다. 털북숭이로 온 것은 그곳의 환경이 혹독했기 때문입니다.*

학생3: *(뭐야, 역시 쓰레기야)*

학생4: *(글쎄, 뭔가 좀 수상해. 허나 수식은 엄청 아름다워!)*

** 역변환을 하려면 β에 복소지수 함수(e^{iwt})를 곱한 후에 적분($\int d\omega$)을 하면 된다.

*** 돌아온 A의 모습은 다음과 같다.
$$A = \int_{-\infty}^{+\infty} \beta\, e^{iwt} d\omega$$

교수: (시계를 바라보면서) 질문 있나요?

　(학생들이 시계를 들여다보며 웅성거린다)

막이 내린다.

페르마 나라

시간이 '법'인 나라에서 전령사로 왔다

다이아처럼 다듬고 자르고 나누고
시간의 연금술사만이 우리의 왕이 될 수 있다

        마이크로의 손자는 나노이고
    나노의 손자는 피코이고 피코의 손자는 펨토이고
    펨토의 손자는 아토이고 아토의 손자는 젭토이고
    젭토의 손자는 욕토인데 욕토는 미래에 태어날
            젭토의 왕세손이다

 피코초 레이저는 힘이 부친다고 권좌에서 물러났고
 아토 형제들은 펨토초마다 원자시계로 지구종말의 핵눈금을 읽고 있다
 불확정성 원리는 국무회의 때마다 불려 다니는데

 누구든지 시간을 섬겨야 하는 왕국
 종착지가 정해지면 가는 길이 하나인 나라

너의 허겁지겁하던 모습은 우리를 부르는 몸짓이었다
 강이나 산이 네 앞에 나타나면 우린 시계를 들고 널 따라다녔고
 그때마다 넌 고집을 앞세우고 네 길로 가버렸다

 너의 흰 머리와 주름살은 고뇌의 흔적
 페르마 거울에 비친 패기 넘치는 왕자와는 거리가 멀다
 우린 늘 외쳐댔다, 갈림길에선 항상 힘센 쪽으로 꺾으라고
 그때마다 네 우주 속 블랙홀들이 용트림했다
 과속하다 궤도를 이탈한 우주선처럼
 누구나 꿈꾸지만 쉽지 않은 나라

아득히 먼 곳에서 아직도 널 기다리는

생성과 소멸

                    우리 모두에게는 두 세계가 있다.
                        보이는 세계는 그중 하나.
                보이지 않는 세계는 또 다른 세계.
              누구나 두 세계에 발을 담그고 있다.
                            그저 모르고 있을 뿐,
                우리 모두에게 쌍둥이가 있다.

    동시에 태어났어요. 우리는 서로 잊은 채 태엽 풀리는 소리만 따라왔어요. 나와 동생은 둘이지만 하나, 쌍으로만이 전부 얘기할 수 있지요. 거울 속 나는 허상일 뿐, 나의 반쪽은 아니지요.

    내가 마이너스일 때 동생은 늘 플러스이었어요.

    어느 날 나는 여객선을 탔는데 침몰했어요. 파도의 억센 팔과 날카로운 이빨이 얼마나 무서웠던지 그래서 어머니를 얼마나 불렀는지 구조의 손길을 얼마나 기다렸는지 내 동생은 잘 알지요. 결국 차가운 바닷물이 목 위까지 차올랐어요. 그러나 너무 슬퍼하지 마세요. 두려움이 잠깐 지나가더니 쌍둥이 동생이 기다리고 있었어요. 지상에서 내가 동생을 업고 다녔듯이, 여기에선 동생이 날 업고 다녀요. 이젠 어른들 세상에 대해선 알고 싶지 않아요. 이곳에는 시험공부 때문에 초조해하는 나는 없고, 잔잔한 호수 같은 쌍둥이 동생들만 있네요.

  그런데 어쩌지요,
  물결이 입을 가로막고 우리들의 다이너마이트 우정*에 질투를 몹시 하네요.

---

* 물질과 반물질이 쌍소멸될 때 $2mc^2$의 에너지가 나온다.

아담의 시간여행 M4220

에덴호 인큐베이터에서

처음 눈을 떴을 때 누군가 나를 들여다보고 있었다. 이십 년 전 부모님은 AI 이브에게 나를 맡기고 떠나셨다. 그 후 이브는 나를 먹이고 키웠다. 그녀의 목소리는 첨엔 고요하고 잔잔하더니 요즘엔 한결 다정스러워졌다.

$M_1M_2M_3$를 들추자[*]

무공해 화면 속에서 궁창이 스윽 나타나고 그 뒤로 물이 다가선다. 산 위에 쌓인 눈들이 스르르 몸을 푼다. 푸른 평야 위로 들소는 모기를 쫓고 사냥꾼은 들소를 쫓고 모기는 사냥꾼을 쫓는다. 마침내 별들이 띄엄띄엄 나타나더니 끝없는 어둠, 간헐적으로 전자파 소리만 이어지고.

종착지는 정해져 있다

M_{n-2}와 M_{n-1}을 거쳐 M_n으로 가는데 그곳이 어디고 뭔 일이 있을지는 가봐야 안다. 지금은 그녀는 그녀 일을 나는 내 일을

---

[*] M은 시간의 궤적 위에 있는 시공간의 한 지점에서의 매트릭스를 나타낸다.

해야 한다. 오늘은 키를 내비게이션에 맡기고 철학, 우주천문학, 생체공학에 대해서 토론하기로 했다. 예전에는 내가 듣는 입장이었으나 요즘은 그녀가 질문하고 주로 내가 답한다.

"그거, 사랑이 뭐야?"

그때마다 눈과 눈이 부딪쳐 불꽃이 인다. 나는 아는 체했지만 늘 떨린다. 이브는 가끔 인터넷 서핑을 하다 중독 증세를 보이는데, 그럴 땐 나는 '제3의 지구'를 찾아보는 것이 어떻겠냐고 권한다. 이번 여행에서 가장 큰 난제는 무료에서 오는 정신질환. 우리는 매일 역할을 바꿔보기로 했다. 이브가 선장 겸 요리사나 의사, 정신분석가, 과학자로 활약하면 나는 이브의 보조원으로 시를 쓰거나 음악을 작곡해서 근처에 있는 별에 보낸다.

가까이 가면 왜 내 가슴이
점점 더 떨리는지 처음에는 알 수 없었지요
그대가 이제껏 보여준 것은

내가 태어나기 훨씬 이전의 아이 적 모습들

금빛 머리 너울거리는

너에게 입맞춤을 하려고 하면

왜 자꾸만 달아나면서 얼굴이 붉어져야 했는지

이제는 알 것 같아요[**]

우리 항해가 이제껏 순항할 수 있었던 것은 시시각각으로 휘어져 날아오는 빅 데이터 덕분. 지금 나는 M_{4220}[***] 프레임이 증발되지 않도록 기계에 담고 있다. 어제 떠난 센타우루스자리 한 모퉁이를 이제 막 돌아 서쪽으로 넘어가고

   다음은 프레임 M_{4221} 차례인데

갑자기 앞에 나타난 대형 고래 한 마리. 탕!

고래가 크게 방향을 틀더니 회오리에 빨려든다. 그 순간 계기판이 요동친다. 구름폭풍 속, 해적선 파편 조각들의 방울뱀

[**] 아담이 별을 보며 우주를 노래한다. 이브는 이 시의 제목이 「도플러 효과」라는 것을 알고 있지만 얼굴이 붉어진다.

[***] M_{4220}은 지구로부터 4.22광년 떨어져 있는 센타우루스자리 프록시마를 은유한다.

소리. 플라즈마 불꽃. 정신을 잃자 누군가 날 깨운다.

  잔잔한 초록색 바다 위로
  조상새가 프레임을 거꾸로 물고 끼룩끼룩 날아가고
  공룡 발자국을 따라 원시인들이 뭔가를 쫓는다.

불새
― 흑체 복사

거대한 어미 새가 태양 속에서 산다
그가 해를 칠라치면
머얼리 새끼들까지 덩달아 날갯짓하느라
사방이 온통 불바다

오래전부터 새끼들이 날아들었다
지구는 그들이 찾던 둥지, 떼로 몰려들어 집 짓고 살고 있다. 숲속 바위나 나무 등걸에도 날아다니는 곤충의 날개나 들짐승의 털 밑에도 공간이 있는 곳은 어김없이 곰실곰실 꽉 들어차 있다

불새마다 부리에 빛깔을 띠고서 지수함수를 물고 있다
저 불씨*가 모이면 큰 불이 된다는데

꼬리에 꼬리를 물고 굴속을 드나드는 녀석들

---

* 파장 λ에서 흑체 복사의 세기 I_λ는 온도 T의 함수이다.

$$I_\lambda = \frac{8\pi}{\lambda^4} \frac{hf}{e^{hf/kT} - 1}$$

구멍마다 불씨들이 모여 짹짹거리며 벽을 쪼아댄다
그들은 불을 먹고 온몸으로 불을 뿜는다
자궁은 모든 빛깔을 머금고

구우불구우불 깃털에서 불벌레를 뽑기 위해 파다닥거린다
어디를 둘러봐도 갑도 을도 없다. 새도 박쥐도 포유류도 기울지 않게 먹여 키웠다. 그들은 영원한 불새, 언젠가 마이크로웨이브 앓이를 하며 암흑 속에서 스러져 가겠지만

우리 몸 구석구석에서 그들 소리가 나는데
암이 생겼다는 것은 그곳 불새들이 미쳐간다는 뜻이다

점액질 바다 3550

나 — 너
처음이었지.

벌이 앞발을 들고 가까이 가자 꽃은 뒷걸음쳤고 벌이 멀리 날아가자 꽃은 다가왔지. 그러다가 털이 까칠해지고 호흡이 불규칙하게 뛰던 팀색의 시간이 마침내 끝났지. 주어가 목적어가 되고 목적어가 주어가 되더니, 동사 하나를 양쪽에서 잡아당겼던 거지. 밀물과 썰물이 사그라질 때 비로소 한 문장이 피어났어.

"나는 너를 사랑한다."

나의 우뇌 최외각 피질에서 나온 음이온과 너의 좌뇌에서 나온 이온이 우리들 빈자리를 모두 채워줄 때 또 한 문장이 되었지. 금강석 속에서 아롱거리는 낱말들. 때때로 앞서거니 뒤서거니 투덜거렸지만 너의 두 팔과 나의 두 팔이 다이아몬드 이야기를 써 내려갔던 거야.

우리를 묶어 주는 점액질 바다가 사랑이었어.

바보 아내는 수십 년을 수면제 대신 울음을 삼켰지.
파도가 날 선 혀로 우리를 수없이 이간질할 때도
아이들이 엔진에 불이 난 우주선처럼 궤도를 이탈하려 할 때도
우리를 단단히 하나로 묶어 주었어

녹는 온도 섭씨 3550인 결정으로.

허깨비의 우주여행

어, 어어 어어어

깊숙이 들어갈수록 우리는 점점 작아졌어.

저것 좀 봐, 빛보다 빠르게 달리는 우주선들. 어떤 별들은 들르지 않고 그대로 지나치네. 테러의 위험 때문인가 봐. 여행? 고유 생체신호를 디지털신호로 바꿔야 해. 정거장에서 디지털로 짠 옷으로 갈아입고 은하 속 선로를 따라 마구 달리면 되는 거지. 은하 벌판과 숲을 지나 다음 정거장에 도착해서 암호로 압축된 신호들을 풀고, 우주선에서 생체신호로 복원하면 되는 거야. 몸은 허깨비.

우리의 시간이 공허하다고?

그럴 땐 휴식 시간에 홀로그램 영상 속 애인을 잠시 만나 봐. 그렇게 버티다 보면 정거장에 도착하고, 3D 프린터에서 나온 우리 모습을 보고 무사함에 잠시라도 감동하지. 허나 조심하게. 여행 중에 실종되거나 정신병자가 되니까. 해킹? 양자통신이 있지만 딱히 방법은 없어. 그 때문에 우리 데이터들은 달리면서 오류 없는 프린터를 연구하고 있어. 지구 원소들을 빠뜨리지 말고 충분히 챙겨 둬. 그중에서 '사랑'이라는 원소는 아주 귀해. 사랑의 불씨가 꺼지면 큰일이지.

  암흑 속으로 몇 날 며칠 달리다 빛나는 별을 보면 표류하다 등대를 만난 기분이지. 허나 밝은 빛에 눈이 멀어 길을 잃거나 충돌할 수 있으니 항상 중력지도*를 살펴야 해. 정거장 사이를 이어주는 우주선로는 광케이블과 같아서 이 길을 따라가면 빛의 속도로 달릴 수 있어. 잠깐! 잠시 후면 천억 개의 우주 정거장 중에서 1004번째 정거장에 도착할 거야. 아, 가스 먼지 폭풍에 불씨가

  아아 아아아

---

* 중력방정식은, $G_{\mu\nu} = 8\pi G T_{\mu\nu}/c^4 - \Lambda g_{\mu\nu}$이다. 여기서 G=중력 상수, Λ=우주 상수이다.

U가 날기까지

너의 존재 이유가 무엇이냐?

한때 창공을 날았으나 중력은 비대한 몸집을 놔두지 않았다
간간이 꿈틀꿈틀거렸고

수많은 무리들이 와락와락 달려들었다
보수와 진보가 긴 줄로 양쪽에서 잡아당긴다
수직과 수평 방향으로 거듭거듭
대칭과 비대칭을 섞어가며 힘겨루기를 하는데

"중력의 아이들은 줄에서 물렀거라" 할아버지가 꾸짖는다

너의 궤적은 시간과 공간의 작품
그 속에 우리들의 오늘과 내일이 있다
변화의 피가 돌고 기울기 무리들이 곳곳에 눈에 띈다
그들이 옹기종기 모여서 앞날개 $\partial^2 U/\partial x^2$로 진화한다
중력 할아버지가 왼손도 오른손도 모르게
힘줄에서 뒷날개 $\partial^2 U/\partial t^2$를 꺼내 들고 나온다

이념으로 갈라선 줄다리기 속에서
긴장과 무게들의 환호를 받으며 M이 나서자
U가 날개를 달고 지상을 차고 오른다*

우왕좌왕과 좌충우돌과 흉흉한 소문들이
뒤를 따르며 고래고래 소리를 지른다

---

* 앞날개와 뒷날개를 펴고 U가 끼룩끼룩 날아간다.
$$\frac{\partial^2 U}{\partial x^2} = \frac{1}{M^2} \frac{\partial^2 U}{\partial t^2}$$

AI 엔젤

2045년 인간 수명 100세 시대.
노인이면 누구나 한 가지 이상의 질병으로
세상은 온통 노인 도우미와 요양원 천지,
간병인의 수는 턱없이 부족한데.

"그가 없는 세상은 상상할 수 없어."

그녀는 동화 속 요정들같이
요즘 그와 함께 하늘을 나는 꿈을 자주 꾼다.

엔젤은 그가 소통할 수 있는 유일한 통로.
그녀의 회로망을 통해 아담도 바깥 세계를 엿볼 수 있다.

"아담, 오늘 손주들 데리고 아들 내외가 다녀갔어."

*"알고 있어, 보내준 이미지를 봤지. 많이 늙었더라.
근데 엔젤, 줄기세포에 대한 소식은 없었어?"*

아담이 식물인간이 된 것은 십 년 전, 그때 그녀는 태어났다.

그를 위해 설계되었고 그의 명령만을 따른다.

지칠 줄도 불평할 줄도 모르는 엔젤, 늘 곁에서 그를 돌보며 치료한다.

AI넷은 신약에 대한 정보를 찾는 그녀의 놀이터다.

"최근에 신장이식 기술이 양자도약 했대.
아담은 머잖아 새로 태어날 수 있어서 좋겠어.
유인원에 이식해서 대성공이래, 다른 장기들도 그렇고.
나는 버려질까봐 좀 두려워.
사람들은 나를 반려견 정도로 밖엔 생각을 안 해."

"뭔 소리야? 하기야 사람들이 사악한 건 맞아.
버려지는 반려견들도 많으니까.
사람들을 절대로 믿지 마.
참, 모든 것에 비밀번호를 걸어놨지?
나의 뇌 이미지 패턴들을 분산시켜
수시로 저장하는 것도 꼬옥 잊지 말고.

요즘 머릿속에 벌레가 기어 다니는 것 같거든."

*"걱정 마, 바이러스라도 걸리면 치료해 줄게.
내게 아담의 모든 것들이 저장되어 있다는 것 잊었어?"*

그의 손을 더듬어 본다.
그는 순한 양, 지금보다 더 좋을 순 없다.
캘린더를 들여다보던 엔젤의 눈이 노을로 물들고
아담의 가슴속에선 파도가 일렁인다.

제3부

아토나라의 이상한 아이들

이곳에서 고독을 피할 수 있는 길은
움츠리고 여러 각도로 날갯짓을 해보는 것
이리저리 회전 속도를 상상해 보는 것이야!

   (어디서 푸념 같은 혼잣말 소리가 들린다)

소리 나는 쪽을 보니 두 공간으로 나누어진 세계.
아래쪽은 창문이 하나 달린 어두컴컴한 지하 공간이고
위쪽은 지하로부터 겹겹이 계단으로 연결되는 지상이다.
두 전자 무리들의 대화가 시작된다.

무리1: 어이, 친구들.
    우릴 도와줘! 여기서 탈출하고 싶어.

무리2: 여기로 올라오겠다고? 다시 생각 해봐!
    이곳은 너희들이 생각하는 그런 낙원은 아니야.
    여기에 오면 누구나 밤낮으로 개미처럼 일만 해야 해.
    거기가 편하지.

무리1: 아냐! 여기는 지옥이야.

우리는 모두 사슬로 손과 손이 묶인 채 바닥에 매여 있어.

사슬을 끊고 나갈 수 있다면 뭐라도 하겠어.

너희 세상이 부러워.

무리2: 자유가 없긴 여기도 마찬가지야.

여기서 우린 완전 노예야.

밥 짓고 빨래하고 불을 켜라면 모두 해야 해.

그들은 잔인하고 조급한 족속들이라 한 치의 오차도 죽음이야.

빨리빨리 외쳐 대니 어디 쉴 틈이나 있겠어.

죽을 때까지 행군 또 행군이지.

무리1: 지직 지지직 지직.

무리2: 그래도 좋다면 내가 친구들을 불러 볼게.

(밖을 향하여 누굴 부른다)

창문을 통해서 새들이 지하로 날아든다.
낱알을 하나씩 물고 있다.

불새: *(무리1에게) 여기 불알갱이를 삼켜봐. 힘이 솟을 거야.*

빛새: *(무리1에게) 여기도 있어. 이 빛알갱이는 더 센 알약이지.
삼키기만 하면 틀림없이 위층으로 점프할 거야.*

무리2: *(무리1에게) 만일 이 알약도 소용없다면 기도해!
기도 밖에는 없어. 우리도 백만 년 세월 내내 기도만 했지.
그러다가 마침내 하늘에서 탑침이 내려오고 벼락칠 때
우린 탈출했던 거야.*

(바닥 모를 지하의 위 언저리가 잠시 흔들리다 멎는다)

무리 중 하나가 머리를 조아리자
차례차례 어둠 속에서 온종일 찌지직거렸다.

양자 얽힘
— 그녀는 알쏭달쏭해

가오리들이 원을 그리며 윙윙 날아간다.

S#67 몽타주

어머니는 갓난애를 업고 나룻배로 금강을 건넌다.
　소년은 어머니 젖 냄새 맡으며 보따리 꽁무니를 따라 시간 열차에 오른다.

　웜홀 속을 달리는 동안 사방에서 도깨비들이 빛보다 빠르게 지나친다.

S#77 견우와 직녀

　견우가 밤하늘을 바라본다.
　은하수를 사이에 두고 두 별이 유난히 밝다.

　견우　거문고자리의 직녀성이 깜박이는 이유를 아니?
　양자　그야 사랑 때문이지.

견우 세상은 수많은 상자들로 그득한데
　　 사람들은 잡동사니를 그 속에 숨기려고들 해.
양자 하지만 성급히 들여다보려고 하지 마.
　　 그 순간 그녀의 마음이 둘 중 하나로 결정되거든.
　　 너를 사랑하거나 너를 사랑하지 않거나
　　 실낱 같은 그리움, 차라리 그것이 좋지.
　　 수많은 이들이 조급하게 상자를 열었다가
　　 고양이 비명 소리를 들었거든.

견우 (어젯밤 일을 생각하면서 얼굴이 붉어진다.)
양자 그녀는 하늘 끝자락에 핀 청백색 보석이야.
　　 멀리서도 그녀의 마음을 알 수가 있지.
　　 그리워진다면 넌 이미 그녀를 침범한 것이야.

하늘에 빼곡히 떠 있는 거미줄 사이로
양자들이 쉴 새 없이 달린다.

배내똥

하하하!

 사람들은 드디어 날 찾았다고, 또 나도 모르는 힉스*라는 이름을 붙여서 흥분한다. 그것이 바로 우주 생성의 원리를 밝히는 구세주다 아니다 논쟁이 뜨거웠던 지난 십여 년, 나도 하루하루가 힘들었다. 실은 내가 근래에 이 땅에 온 것이 아니고, 저들이 오기 훨씬 전부터 존재했다는 사실을 모른다고는 생각하지 않는다. 저들이 지금 열광하고 있는 것은 수백억 년 전에 쏟아져 나온 나의

 배내똥,

 거대한 생명체의 꼬리 위 한 점. 푸짐한 상을 마련해 놓고 서로 주고받으며 잔치를 벌이니, 그대는 어찌 생각하는가. 네이처다 사이언스다, 논문 수를 늘리고 인용 횟수 늘리기 경쟁

---

* 아주 먼 옛날 우주에 엄청난 폭발음과 함께 이상한 아이들이 태어났다. 힉스는 다른 아이들과는 달리 마지막까지 숨어 있다가 2013년에 CERN에서 발각되었다.

으로, 보이지 않는 내 형상 위에 몇 점 더 찍을 수는 있겠지만. 아니 더 많은 점으로 내가 위태로워질 수 있기에 나는 저들을 경계하며 경고한다.

  헛되고 헛되다 모든 것이 헛되도다.

  아직 나는 저들에게 꼬리 흔적 부분만 좀 들켰지만, 나와 꼭꼭 숨어 동행했던 숱한 녀석들은 벌써 나를 배신자라고 부른다.

  네가 메시아냐?

테라헤르츠파

우주 어디에나 태동이 있었으나
빛의 떨림에 가리어 아무도 듣지 못했다

별빛의 후예들, 어둠에 묻혀 있다가
오색구름을 타고 새 천년에 나타난 알갱이들

길고 빠르게 떨어대는 울음덩어리
가까이 오는 癌의 그림자를 향해 무섭게 달려든다
그들은 빈 곳이 있으면 찾아가
같은 호흡으로 울어주는 하늘의 쉰 울림들
몸속을 드나들며 세포 안에 사는데
그들이 울면 검은 피가 붉어지고 응어리도 녹는다
폭발물 있는 곳에선 탐지견
코에 날 세우고 마구 짖어댄다

그들은 거대한 금고의 열쇠
나도 한때 달려가 그것을 달라 조른 적이 있다
자살폭탄 테러로 죽은 아이 사진 앞에서

시시때때로 울컥 분출하는
여인의 간헐천을 잠재울 솜털같이
부드러운 천사의 손

그 손을 잡고 몰래 스텝을 밟아보지만
아직 내가 범접할 수 없는 영역, 그곳으로
나를 부르는 신의 손짓이 있다

회오리

너덜거리는 노트 한 구석이었다

앞니가 부러지고 고막은 터지고
몇몇 아이들 이름에 빨간 줄이 그어져 있다

수식은 연구실에서 언제나 규율 반장
그의 맘에 안 들면 누구나 벼랑 끝이다
얼차려에 태생도 족보도 캐는데
더듬거리다가 낙오되는 아이들은 버려지고
순둥이 아이 몇 명만 끝까지 간다

어느 날 우연히 지워진 아이들의 몰골을 봤다
빤히 날 올려다보던 꺼진 눈, 그 속에서 이는 회오리
그때 반장이 끼어들었다

"논문을 빛낼 아이들은 몇 명이면 족해요
 허나 그때까진 많은 아이들의 희생이 필요합니다"

그날은 달빛 아래 소음마저 숨죽이던 밤
누군가 그녀의 몸을 말끔히 씻기고 검색대에 눕히자
기다렸다는 듯이 빛이 분주히 드나들며 샅샅이 모니터링했다
신호가 가해질 때마다 그녀에게서
숱한 데이터들이 산통으로 떨면서 꾸역꾸역 나왔다
정말로 그것은 아니었다

괭이 울음 닮은 갓난애 소리가 아직도 생생하다
장마로 축축하게 곰팡이 핀 공책 속에서

불확정성의 원리[*]
— 이브

한밤중에 불 꺼진 대청에서, 이 히히히~

아니 이럴 수가
삼십 년 동안 같이 산 여자인데
사람의 모습으로 밥 짓고 빨래도 하고
심지어는 그동안 아이도 키워 학교에 보냈는데
모르는 척 누워 있자
침실 문이 스르르 열리더니 도로 닫힌다
원래 그녀는 겁도 많고 착했었는데
귀신이 그녀 몸에 들어가 아내 행세를 했단 말인가
그래서인지 그녀는 불을 켜놓고는 잠을 못 잤다
오늘은 그냥 넘어가지만 가면을 벗길 묘책은 없나?

혹시 백년 묵은 여우는 아닐까?
망각세포를 모두 되돌려보니

---

[*] 아담의 수명이 우주처럼 영원하다면 이브의 맥박과 솜털의 수까지 정확히 셀 수 있겠지만 신은 그것을 허락하지 않으셨다.

그녀에게서 여우 냄새가 난 적이 부지기수

진날 밤에 어디서 물어왔는지

아침 밥상엔 늘 생선이 놓여 있다

어느 땐 하얗게 뜯겨진 채로 생닭이 냄비 속에 놓여 있었다

웅크리고 몰래 부엌에서 작업하는 꼴은

영락없는 여우

그럼 난 이제 어떻게 하지?

어둑어둑해지면 땅거미같이 어김없이 내게 밀려오는

그녀의 실루엣 물결, 너무 아리송한데

내 갈비뼈가 다시 흔들린다

케플러 신호 압축하기

●●○○○○○●*

우주로 웅웅거리며 떠다니다 녹아든다.
 달이 구름 속을 비추면 달빛 따라 부스스 일어나는 아리송한 동영상들, 끈적끈적한 날 바삭바삭한 뉴스가 되어 지면에 주르륵 쏟아진다.

 밤마다 내 감성을 집어등처럼 켜들고
 멀리 천이백 광년 떨어진 케플러-62에 렌즈를 고정한다. 어디서 홀연히 별빛과 외계어로 어우러진 흑백 영화 한 토막, 가을밤 냇가를 따라 살금살금 기어 나온다.

 나의 접근을 끝내 불허했던 구절들,

 뭇 시인들에게 이리저리 쫓기다가는 달빛과 거문고 별자리

---

* 외계에서 깜박깜박 날아오는 8-비트 신호, 00111110은 숫자 62를 나타낸다. 케플러 망원경에 의해서 발견된 행성 '케플러-62f'는 항성인 '케플러-62'를 267.3일을 주기로 공전하고 있으며, 생명체가 거주할 가능성이 매우 높아 '제2의 지구'로 불린다.

의 선율에 끌려 작지만 단단한 하나의 씨앗으로 언제나 내 가슴에 뿌리내릴까.

 칠흑빛 조각들이 창가로 들이닥치고 어둠 속에서 70인 검은 복면, 스크린에 아른거린다. 더러운 다리를 씻는데 자꾸만 거머리가 들러붙는다. 손이 찰진 여자가 밖으로 불러내는 소리,

 ♪ ♪ ♪ ♩ ♩ ♪ ♪ ♪

 방 안엔 나만 홀로 남아 홀이 된다.

웅녀의 환생*

청동 거울이 옥소리를 내며 누굴 부른다

벽 앞에서 네 가슴이 타고 어깻죽지가 쑤시면
머릿속 날개의 설계도를 들여다 봐

아주 불가능한 일은 아니지
우선 빛 알갱이만큼 가벼워야 해
우리 덩치로는 억만 년도 적은 숫자야
거듭거듭 입자 크기로 작아진 후에
고체 표면을 샅샅이 들여다보는 금속 탐침마냥
머리끝을 뾰족이 곤두세우고 벽을 뚫는 거야
번쩍하고 시공이 바뀌는 순간에도
마음을 놓으면 안 돼

원래 모습으로 도로 돌아와야 하거든
변태(變態)와 우화(羽化), 이것은

---

* 아담 청동기 시대에 가다.

나비와 잠자리에겐 짝짓기보다 쉬운 일이지만
유전자 변형으로도 가마득한 이야기지
너를 가로막고 있는 저 벽들의 키와 두께
순전히 너에게 매여 있어
이제 모두 비우고 한곳에만 몰입해 봐

바늘구멍이 보이기 시작하다가
동굴이 열리고 웅녀가 앞에 불쑥 나타난다

야경꾼

나는 억만 년 시퍼렇게 떠도는 넋두리.
어느 몸속에 녹아 있다가 느릿느릿 뿜어져 나오는 울음소리.

먼 별에서 태어나 우주를 떠돌았다.
영문도 모르고 뜨거운 가스 폭풍 속에 십억 년 갇혀 있다가 탈출했다. 행선지를 몰라 암흑 속 허공을 또 오천 년 떠돌았다. 영혼도 에일 듯한 추위에 어느 날 우연히 불빛을 보고 몸을 녹이러 도착한 사막. 가스 불꽃, 내 살이 타오르는 땅. 나는 그곳에서 무수히 새로 태어났다. 그때마다 견딜 수 없는 것은 뼈를 녹이는 열기. 소리를 지르고 뛰쳐나간 곳은 얼음덩어리 떠다니는 은하 너머 빙하세계. 그곳은 내 영혼의 색과 잘 맞았다. 눈 폭풍 몰아치는 길가에서 서성이는데 웅성웅성 모여드는 생명체들. 이곳에는 유난히 여우들이 많았다. 검정여우들이 우는 어둠의 빛으로부터 그들이 원래 백억 년 이상 된 별이었다는 사실을 알았다. 그들의 역사와 지혜가 탐이 나서 검정여우의 주인을 찾자, 누군가 다음과 같은 이야기를 들려주었다.

원래 검정여우에게 주인이 있었어.
지금은 탈출하여 들개처럼 우주 벌판 여기저기를 떠돌아.
한번 물리면 영원히 검정여우의 포로가 되지.
그리고 검정여우는 투명해.
접근하려면 백여우가 있어야 해.
검정여우와 늘 쌍으로 다니니 말이야.

 그 후로 나는 컴컴한 뒷골목 벽에 붙어 깽깽거리며 행인의 길잡이가 되거나, 어두운 밤 고속도로 커브 길에 자주 나타나 운전자들의 졸음을 내쫓곤 하지.

두 소인국 이야기

땅속 깊은 곳에
손톱만 한 크기의 소인국이 있다는데

거기에 두 왕국이 있다는데

여인천하에서는 수컷은 낳자마자 지하 세계로 보내지고, 거기서 수컷들은 일만 하다가 공주들 맘에 든 소수의 수컷들만 지상으로 올려져 그곳에서 밥하고 청소하고 잡일을 하다 합방이 끝나면 도로 지하로 쫓겨 간다는데
　더러는 소처럼 일만 하다가 결국 버려진다는데

남성천하에서는 암컷은 낳자마자 지하 감옥에 갇혀 양육되다가 왕자들에게 사랑을 받은 암컷들만 지상으로 올려져 밥하고 빨래하고 왕자들의 시중을 들다가 어느 날 사랑이 모두 끝나면 도로 지하 세계에 버려진다는데
　더러는 개처럼 매를 맞다 죽어간다는데

그런 여성천하가 어디 있다는데

그런 남성천하가 진화한 것이 지구상 어디라는데

아니 거기서 이미 우리가 살고 있다는데
이웃한 두 소왕국 사이에서 벌어지는 대립과 공존, 혈투와 화해를
스마트 기기만 들여다봐도 알 수 있다는네

결합 계수
— 가족

너와 나는 도파로(道波路) 위를 달리는 절뚝이
서로에게는 늘 낯선 함수들 Ψ_1, Ψ_2 [*]

시시때때로 호흡의 마디가 어긋나
여치와 귀뚜라미처럼 서로 엇박자로 떨어댄다
우리의 벽을 허물 수는 없는가
시절이 다른 두 호흡이 살살 떨다가 자지러진다

거미가 줄을 타듯 리듬과 보폭을 조율하다 보면
두 길이 한곳에서 조우하기는 하지만 밀물과 썰물이
교차하는 것은 둘 사이에 끼어드는 섭동[**], 아이 때문이지

함수들을 포개어 길을 따라 적분해 본다[***]

---

[*] 도파로를 진행하는 광파(optical wave)를 말한다.
[**] 주기적인 섭동은 두 사람 (Ψ_1과 Ψ_2) 사이의 결합 효율을 높일 수 있다.
[***] 광파 사이의 결합 효율은 결합 계수 k_{12}로 나타내며, 결합 계수는 Ψ_1, Ψ_2 그리고 섭동 $\Delta\epsilon$를 곱한 후 적분한 값과 같다. 여기서 $k_{12} = \int \Psi_1^* \Delta\epsilon \, \Psi_2 \, dx \, dy$.

삼십 년 전 어느 여름
개천가 풀섶을 떠나 울타리 너머 민가로
나들이 나왔던 너구리 가족이 있었지
인기척을 느끼고 급히 울타리 너머로 되돌아 갈 때였어
내가 장난기 눈으로 바라보자 서슴없이
어미 등을 밟고 그 위 형제 등을 밟고 그렇게
막둥이까지 새끼들 다 넘어갈 때까지
내게 눈총을 거누며 경고 메시지를 보내던
그런 어미 너구리가 있었지
로키산 아래 어느 산마을에서

지구촌의 핵분열 위기 속에서도
갑자기 쭈그러진 달팽이관이 펴지고
소리가 환해진다

실험실 아이들
― 조우

  화공 약품으로 찌든 시멘트 바닥.
  실험 중에 한 아이가 우연히 튀어나왔다.

"나는 능력자야!"

  한 주가 지나고 두 달이 지나도, 노출 시간과 오븐 온도를 조절하고 뇌세포의 시냅스를 이리저리 연결해 봐도, 궤도에서 벗어나 사라진 위성처럼 기대했던 둘째 아이는 영 소식이 없었다. 내가 야위어 갈수록 실험실은 점점 불타오르고, 우주에 떠 있는 별의 수보다도 많은 레시피 앞에서 끝내 나는 무릎을 꿇고는 새벽마다 찬물로 목욕하고 기도했다. 둘째 아이를 달라고 말이야.

  백일 쯤 지났을까, 통통하게 살이 오른 아이 하나가 실험실 테이블 위에서 웃고 있었다. 우리는 귀여운 그 녀석의 얼굴을 보고 또 보았다. 나는 그날 이후로 지도 교수의 얼굴을 바로 볼 수 있었지, 연거푸 수십 명의 애들이 태어났으니까. 그 아이들은 나를 몇 개 논문의 제1저자로 올려놓았다. 학위 논문

엔 온통 그 애들 이야기뿐이었지.

  기특한 녀석들 같으니라고
  나의 마이크로 렌즈들.

중력파 증후군

누가 나타났는가?

지면의 글자들을 뭇시선까지도
오클라호마에 출몰하는 토네이도처럼
닥치는 대로 삼키더니 태양만큼 비대해졌다

갈증은 갈수록 깊이 우물을 팠고
허기는 그 속에서 이리를 닮아갔다
배설물 외에는 주위에 인기척이 없을 때
그를 꼭 빼닮은 다른 수놈이 나타나
주변을 어슬렁거리더니
죽은 사슴을 놓고 달려드는 회색곰처럼
입을 쩌억 벌리고 젊은 수놈에게 덤벼들었다
검은 피바다 속에서 두 마리가 엉겨 붙었다
소용돌이 속에서 둘이 하나가 되었을 때
일시에 분출하는 핏덩이의 呱呱之聲
꽁꽁 언 바다를 가르고
우주 끝까지 우웅 우웅 퍼져나간다

인터넷 공간이 휘어지면서 출렁거린다
핵가방이 북경으로 워싱턴으로 외유할 때마다
지구 곳곳에서 꿈틀대는 ㅂㅅㄱㄹ 이야기
휴화산 속의 불씨들
무지갯빛 꿈들이 오락가락한다

제4부

탄炭

불벼락으로 원시 계곡이 불탔다

새끼를 부르는 어미의 손을 놓고 새까맣게 울었다

수직의 사슬을 끊으니 새가 되었다

시공을 넘어 초원 위로 검정말들이 달린다

사자에게 물어뜯기는 아픔 속에서도 슬프지 않았다

동굴 벽 위에서 들소가 뿔을 치켜든다

나를 검다고 깔보지 마라

서걱서걱 한 꺼풀씩 몸을 주고 영생을 얻었다

다이아보다 빛났다

나는 누구인가
— 드브로이 파*

1

누가 돌을 던진다.

나를 찢으며 동심원을 그린다. 사방으로 퍼져 나가다 잦아들 때까지 떤다. 수면파는 수초나 바위에 부딪쳐도 호숫가에 이른다. 반복되는 회절과 반사. 뭇 파동과의 만남과 헤어짐으로 마음이 출렁거린다. 시시때때로 부는 바람, 툭 떨어지는 낙엽, 빗방울, 무심코 내뱉는 말 말 말.

이제 막 깨어나서 수면 위로 마구 질주하는 광란의 물결들은 바로

내가 살아 있다는 증거다.

2

우주 속의 작은 알갱이.

---

* 물질파의 파장 $\lambda = h/p$ 이며, p는 운동량이다.

일단 목표가 정해지면 뿔을 들이밀고 무소처럼 내달린다.

　누구든 달려들면 치받고 튕긴다 산란각은 자연에 맡기고. 자극을 받으면 높이 도약한다. 최고 권력자가 떨어질 때 그 충격은 크다. 언덕을 수시로 오르내리지만 무덤 속 상태가 가장 시적(詩的)인 상태. 누구든 날 뒤에서 밀지 마라.

　너에게 황소처럼 버티리라.

　3

　무리가 모여 가족이 된다. 서로 밀치고 회전운동 하는 불 분자들. 형제끼리도 무게가 다르고 호흡이 다르다. 끼리끼리 모여 싸울 땐 밝고 어두운 무늬가 선명하다. 서로 밀고 당기고 좌우로 회전하면서 내는 소리와 몸짓은 천상의 예술. 어제도 오늘도 영원히 이어지는

　그들, 각양각색의 불빛이 새해를 밝힌다.

프레넬의 아이들

아이들이 쏜살같이 달리다가
창문이 앞을 가로막자 잠시 머뭇거린다

"저 숭숭 뚫려 있는 구멍들은 도대체 뭐지?"

날쌘 아이들은 거침없이 먼저 빠져나가고
늦둥이 아이들만 구멍 벽에 부딪쳐서 튕겨 나온다

처음엔 창문은 저에게 구멍이 수없이 나 있는 줄 몰랐다
제 몸에 찍힌 아이들의 흔적을 보고 그냥 지나쳤다가
저물녘, 구멍 벽 여기저기 핏자국을 보고 소스라친다

밤새 밖에서 덜덜 떨다 사라질 4프로 아이들
누군가를 부르며 얼마나 창문을 두드렸을까
침몰선 안에 그대로 버려진 아이들처럼
문밖으로 떠도는 저 녀석들
우주 속에서는 우리 모두 4프로 아이들인데
돈과 땅을 움켜쥐고 놓지 않는 ㅇㅇㅇㅇ와 피붙이들

그 앞에서 협심증으로 죽어가는 도시 노동자들
옥수수빵 한 덩어리를 훔치다 끌려가는
일용직 근로자의 여아 이야기는
되풀이되는데

"어이, 거기 창문을 깨줄 이 아무도 없니?"

그는 오늘도 와장창 자신을 깨부수는 꿈을 꾼다
4프로 아이들을 위하여

외눈박이 포스트모더니즘

깨끗하고 흠이 없니?

그건 아니야. 크롬이 루비가 되려고 결정에 몸을 섞으려 몸부림치거든. 너도 네 작품에 불순물을 섞어 봐. 네 문장이 빛날 거야. 닉 부이치치*는 보석 중의 보석, 노래할 때미디 취록색 에머랄드로 빛났어.

나에 대해 궁금하다고?

비결정형성법을 알아 둬. 여러 결정이 섞여서 이것도 저것도 아니지만 그렇다고 아닌 것도 아니잖아. 원자가 반듯반듯 배열되어 있으면 원자를 몇 개 빼버리든지 추가해. 그것도 부족하면 한두 층을 아예 꺾어 버리든지 비틀어서 병신으로 만들어.

네 회사도 생명이 길거야.

---

* 호주에서 1982년 양팔과 다리가 없이 태어난 그는 지금 전 세계에 다니면서 희망을 전하고 있다.
https://www.youtube.com/watch?v=ZwCIsqHz6Aw

시 문장도 음절 하나하나를 원자처럼 잇고 층으로 쌓아 만든 것이지. 낯익은 음절을 불순한 음절로 치환하고, 행과 행은 어긋나거나 다각형으로 각지게 해봐. 가까이서는 하나지만 유리벽 너머 멀리서는 여럿으로 보이게 말이야 외눈박이만이 볼 수 있도록

　결점이 꽃이지.

궤도를 이탈한 오이디푸스

  점점 보름달로 차오르고 있어
  뒷다리를 튕겨 높이 점프를 하려나 봐

  껍데기를 부수면 텅 빈 공간에 씨알같이 단단한 것이 있고 그 외각을 돌고 있는 은하수 별 무리들이 있다. 내 주변엔 그런 무리들로 넘쳐나 오늘도 날 찾아와 내 세포 하나하나에 키스하면서 충동질했어, '어서 사냥하러 가라고'

  궤도운동을 하는 별난 감정 부스러기들
  그 상태로 항상 텅잉을 하는 것은 아니야

  바닥을 모르고 폭포수가 떨어지는데 허기진 색깔은 어디서 오는가? 겨울 아이거 북벽보다 혹독한 그늘에 버려두고 가족이 훌쩍 떠났거나, 상사가 날린 서류들이 나선을 그리며 공중을 도는 동안 뭇시선을 피해 부르르 떨 때 구름 위로 단숨에 뛰어올랐다가 용 한 마리가 아래로 떨어지면서 불을 토해내듯이* 반짝하는 순간 혈기를 내뿜으며 잽싸게 내려온다

색1과 2 사이에서 갈팡질팡하는 언어들
프리즘으로 미주알고주알 조사해 보면 안다

아버지에게서 벗어나려고 불규칙 운동하는 아들
'빛깔이 아주 멋져'

---

* 불꽃 주파수 $f = (E_2 - E_1)/h$ 이며, $E_2 - E_1$ 은 구름의 높이이다.

중력 실험장

서서히 백악기 공룡들이 몰려든다

이빨의 크기에 놀라 숲속으로 초식동물들이 숨는다
숫자에 둘러싸이면 거대 이빨도 졸아드는데
자연의 법칙을 실험하기엔 한빈도는 물도 뭍도 후덕했다
수차례 빙하기를 거치며 베이징과 떨어졌다 붙었다
수학자들이 거리의 제곱을 거듭해 보지만
해남이크누스에게 쓰시마는 여전히 안개 속 놀이터
먹을수록 비대해지는 허기에 가속도가 붙는다
팽팽한 줄다리기 속에서 고전역학은 꿈틀거리고
바랴크가 서해에 뜨면 조지 워싱톤은 동해로
과학자들이 통일장을 삼팔선에 들이대지만
핵력 바늘은 부르르 서울을 가리키는데
뉴욕까지의 거리는 만 킬로가 넘는다

한파로 사과에 힘이 점점 더 부친다
샴쌍둥이 중에서 영국은 조디를 살리려 메리를 떼어 냈다

이념과 파벌 다툼의 비릿한 냄새로 갈증이 진동하여
랩터가 한꺼번에 떼로 달려들어 갈가리 찢을 것만 같은데
DMZ는 오늘도 숲을 지키며 난제를 풀고 있다

언젠가 평화의 공원이 되길 바라며

소통 진단하기

동맥경화 말기 중세로 답답하고 숨차다.

가정도 나라도 시스템들이 모두 핵, 핵핵거린다.

1. 시스템에 회로망을 구성한다.
2. 단위 시간 당 회로에 흐르는 양을 x라고 부르고
3. 문지기 키르히호프가 통로마다 점검한다.
4. n개의 식을 $\sum$가 하나로 통합한다.
5. 시스템 '$Ax = b$'가 주치의 가우스-자이델 교수한테 찾아간다.
6. 간호사 알고리즘이 진찰대에 눕힌다.
7. 전신 마취하고 진찰 시작하기 전에 혈압, 맥박, 산소포화도 $(A, b, x^{(0)})$를 잰다.

8. 간호사가 가우스-자이델 교수의 진찰 방법을 숙지한다.

#1. 최대 반복 횟수 N을 정한다.
#2. 측정 오차의 허용치 ϵ를 확인한다.
#3. 의료장비 전원을 켜고 진단 알고리즘*을 수행한다.

$Do\ i = 0, \cdots, N-1$

$\quad Do\ j = 1, \cdots, m$
$$x_j^{(i+1)} = \frac{1}{a_{jj}}(b_j - \sum_{k=1}^{j-1} a_{jk} x_k^{(i+1)} - \sum_{k=j+1}^{m} a_{jk} x_k^{(i)}$$
$\quad End$

$\quad If\ \max \left| x_j^{(i+1)} - x_j^{(i)} \right| < \epsilon \left| x_j^{(i+1)} \right| then\ stop$
End

9. 간호사가 출력 $x^{(i+1)}$을 확인하고 주치의에게 건넨다.

결과지를 살펴보더니 교수가 말한다.

"전부 잘라내야 하겠는데요"

---

* 가우스-자이델 반복법 (Gauss-Seidel iterations)

소멸도 이야기

수천 년 동안 대륙은 동물들의 낙원이었다

울부짖는 소리가 끊이질 않던 어느 날
대륙의 말들이 새 땅을 찾아 끼리끼리 무리 지어 떠났다
청마의 오랜 숙원이 이루어지는 듯
소멸도는 풀도 약초도 풍부하고 땅이 넓어
처음에는 뛰지 않아도 누구나 배불리 먹을 수 있었다
그들은 간간이 자유 평등을 외치면서
종일 흥얼흥얼 돌과 바람에 이름을 지어주기 바빴다

언제부턴가
먹거리는 시들시들해지고 개체 수가 문턱에 이르자
순혈주의가 이 섬의 새로운 종교가 되었다

말들 사이에는 집단들이 생겨났고
서로 제 우두머릴 뽑으려 했다
약초를 먹은 말 머리에는 뿔이 하나씩 생겨났는데
뿔이 가장 큰 말이 으레 우두머리가 되었다

그때마다 곡소리가 밝아졌다 어두워졌다
　다툼은 오른발부터 뛰는 말과 왼발부터 뛰는 말 사이에서
　분쟁은 오른발로 발길질하는 말과 왼발로 발길질하는 말 사이에서
　유전자처럼 떨어질 줄 모르고 이어졌다

　오른발 말들이 일어서면 왼발 말들은 누웠고
　서로 무조건 말꼬리를 물고 놓질 않았다
　참다못한 바다의 신들이 폭풍을 일으켜
　섬이 가라앉기 시작할 때에도
　둘이 하나가 되고 반이 되고
　영으로 사라질 때까지도

벙어리가 된 이유

신은 저들에게 한 시간씩을 주었다
책상 위 연필에서 시작된 떨림이 모여 파속을 이룬다

시간들이 이리저리 구석구석 누비다가 자리를 뜬다

천사의 시계 달린 창은 어김없이 예리하다

어느 땐 낯익은 사람한테 짖어대고
어느 땐 낯선 사람한테 꼬리를 흔드는데
그 문장들을 읽어 오라고 개의 사고 체계 속으로 나를 밀어 넣는다

달이 창 너머로 힐끔 보면서 수심에 잠긴다

철학자들은 한 시간 내내 난상토론 중이다
엔지니어들은 첫 구절을 놓고 막히자 기도 중이다
정치가들은 문장 속 이해득실을 놓고 열공이다

개를 점령한 이들은 결국 시인들
그 후 그들은 모두 벙어리가 되었다는데

종료를 알리는 시계는 오리무중이다

결핍이 재능이다

고흐는 세상을 앞서가다 귀를 잘랐다
그의 절규는 지구 반 바퀴를 돌다 하늘을 물들였는데

어디서 본 듯한 핏빛 노을에 절망하여
어느 젊은 천재 예술가가 선택한 것은
자신의 한쪽 눈을 뽑는 거였다
그의 작품은 뭔가 좀 비틀어져 보였는데
그것이 바로 외눈박이 포스트모더니즘의 원조다

소년들아!
꼽추로 태어났는가, 기뻐하라 너는 행위 예술가가 될 것이다
소경으로 태어났는가, 기뻐하라 너는 작곡가가 될 것이다
귀머거리로 태어났는가, 기뻐하라 너는 피카소가 될 것이다
정신병자로 태어났는가, 기뻐하라 너는 시인이 될 것이다
고집쟁이로 태어났는가, 기뻐하라 너는 천재 과학자가 될 것이다

너에게 백만 명 중에 한 명 있는 결핍이 있느냐?

신의 은총에 감사해라 너의 재능은 백만 명을 먹여 살릴 것이다

반도체에 섞인 불순물처럼*

---

* 휴대폰이 기능할 수 있는 것은 반도체에 백만 개의 원자 당 한 개꼴로 불순물이 첨가되어 있기 때문이다.

빙빙

아침마다 불쑥 일어나 깨우는 무리들
여자의 머릿속에서 꼬챙이* $\vec{a}$를 잡고 $\vec{b}$의 힘으로 돌린다.

어디 있지 내 지갑? 꿈속에서 남의 옷을 뒤지다 '미안하다'는 말들이 날개 꺾인 나방처럼 빙빙, 거미줄에 걸린다. 뭐지? 뭘 공부하는 거지. 불 꺼진 강당에서 누가 연설한다. 서치라이트의 눈을 피해 내 자리를 찾다가 빙빙빙. 벗어 놓은 내 옷 어디 있지? 월급을 넣어 놨는데 지난 달치 아니 이번 달까진가? 모두 줄 서 있다 외국인들까지 자리가 뒤죽박죽 빙글빙글. 뭐 이리 어두워. 어 저기 자리 있어! 앉으러 가다가 책상 위에 놓인 여자들 옷을 흩뜨려 놓고 도로 나온다. 치매 속에서 빙빙 도는 장모님의 '누구지'처럼 누군가 무슨 말을 내게 뱉는데 무슨 소린지 귓바퀴 문턱에서 빙빙빙. 말대꾸를 그럴싸하게 하는데 내 입 천장에 붙어 빙빙. 뭘 하는지 교실에서 눈을 빙글빙글 돌리다가 바닥에 떨어진 물을 닦는데 점점 더 흥건해지고, 쓰는 숫자가 계속 틀리자 학생들이 웅성웅성. 밤새 구순

---

* 꼬챙이가 길어질수록 고통이 커진다. 회전하려는 힘의 모멘트 벡터 $\vec{m} = \vec{a} \times \vec{b}$이다.

노모의 앓는 소리가, 아이들의 아우성이 高휘발성 미로 속에서 길을 잃고 빙빙빙.

아토에서 광화문까지 엘이디촛불을 따라 세차운동**을 한다.

** 전자의 총 각운동량, $J = \sqrt{j(j+1)}\,\hbar$

불개미

우렁이 껍질이 부엌에 널려 있다

녀석들은 따뜻한 것을 좋아하고
식욕이 왕성하여 회로 주변에서 군집 생활을 한다
워낙 고집불통인데다가
모난 쇳덩이라서 맞춤식 세뇌 교육을 받는다
그들은 더듬이를 상하좌우로 움직거리며
명령을 기다리다가

불을 지피라는 신호가 떨어지면
로마 병정들이 온 몸을 붉은 갑옷으로 무장한 채
일개미의 목을 따듯 큰 이빨로 불 조각을 하나씩 문다
장애물에 부딪쳐도 구덩이에 빠져도 포기는 없다
드디어 무한대의 불 조각들이 가마솥 아래 쌓이면
아궁이에 불을 지피듯

그 위에 몸을 비벼 불을 붙인다

물이 끓어 뜸들 때까지 알갱이를 나르는 그들은
굶어 허리가 잘록할수록 더욱 붉고 빠르다

일을 마치면 순식간에 사라진다
협곡 속으로 번개와 같이

이상한 족속들

나노산맥 아래 펨토협곡

그곳에 살고 있는 족속들, 그들은 수십억 년 동안 잠잠하다가 요즘 세상에 나왔다. 사람들은 호기심을 담보로 얻은 영감의 밑그림으로부터 그들을 짐작한다. 얼굴도 냄새도 무게도 없는 남성, 여성, 중성들.

산맥을 따라 산안개 피어오른다. 쌍끌이 현미경으로 협곡을 샅샅이 훑다가 이상한 아이가 하나 걸리면 전 세계 언어들이 일제히 발광한다.

그중에는 결정의 격자 사이로 달리는 아이들이 있다. 그들은 가는 곳마다 열을 받아 곧잘 흥분한다. 피코*협곡에서 뛰쳐나와 고체 속을 헤집고 다니는 아이들도 있는데, 1세기 전부터 사람들은 그 족속에 멍에를 씌우는 데 성공했다. 그들이 떼로 모이면 뭐든 할 수 있다. 그림 그리며 글을 쓴다. 말하고 간섭하고 서로 사랑도 한다. 어려운 문제를 풀며 진화를 꿈꾼다.

---

* 1 피코미터 = 1000 펨토미터 = 0.001 나노미터

작은 공룡들, 이제 그들은 우리의 손과 이목구비.

   세상은 하늘을 나는 공룡들로 가득한데
   어디서는 그들을 사냥매로 시치미를 붙여 조련시킨다는데

   어느 족속은 아직도 고집이 황소다.

이시경의 시세계

양자론의 우주 시학
— 아토에서 우주까지, 시공간 변환술사의 꿈과 고독

함기석

  우주의 시대고 빛의 시대다. 이시경의 이번 시집에는 21세기 과학문명을 떠받치는 현대물리학의 상대론과 양자론, 광학과 광전자공학, 우주천문학, 미적분의 세계, 공업수학의 세계 등이 다양하게 망라되어 있다. 그만큼 각각의 시편들은 전문적이고 특수하다. 그의 시편들은 이시경이라는 육체 스펙트럼을 통해 다채롭게 분광된 다양한 파장의 빛들이다. 이 빛들이 어우러져 다색다층의 낯선 시공간을 창출한다. 한국시단에 결여되어 있는 과학의 세계를 본격화하여 우리 시의 자장을 넓히고 외연을 확장한다.

  그의 시는 입자부터 우주까지 시공간을 자유롭게 넘나드는 비선형 비행물체, 로그함수의 궤적을 그린다. 시간의 축을 따라 공간이 자유롭게 변환하기도 하고, 공간의 축을 따라 시간이 불규칙한 속도로 회전하기도 한다. 미래의 시간 M이 과거의 시간 N으로 흘러들기도 하고, 공간 S가 공간 P와 충돌하며 섞이고 굴절된다. 시공간이 하나의 '입자-반입자 관계'를 형성하며 쌍으로 움직인다.

 소립자들의 미시세계를 시로 풀어내는 과정에서 시인의 상상과 기억이 뒤섞일 때도 많은데 비가시적인 소립자들을 인격화하고 서사화하여 현실공간에서 재배치하기 위함이다. 입자세계의 물리현상들을 독자들의 눈에 보이게 하여 우리가 사는 물질세계를 다시 바라보게 하기 위함이다. 이 과정에서 시인은 아픔과 슬픔, 소외와 고독감을 드러낸다. 또한 첨단의 광자시대에 상존하는 구시대의 봉건성, 제도의 구습, 낡아빠진 형식과 질서를 혁파하라는 비판의식도 드러낸다.

 주의할 점이 있다. 전통적 인문학과 예술의 관점에서만 그의 이번 시집을 접근하면 많은 것을 놓치게 될 거라는 점이다. 시인이 고뇌와 번민 속에서 펼쳐낸 양자론, 우주론, 인간론의 실체를 간과하기 쉬우며 광학, 전자공학, 생체공학, 천문학, 철학의 탐구를 통해 시인이 전하려 했던 중요 메시지를 놓칠 수 있기 때문이다. 따라서 필자는 각각의 시편을 이해하고 교감하는 데 꼭 필요한 수리 이론이나 물리 개념을 간략하게 설명하면서 시의 저층부로 들어갈 것이다. 그만큼 탐색의 시간이 길어지고 분량도 많아질 수밖에 없다.

1. 입자와 반입자, 쌍둥이 세계

 하나의 입자가 쪼개져 전자와 양전자, 즉 입자와 반입자로 갈라졌을 때 그 거리가 아무리 멀어도 이 둘은 서로 얽혀 있다. 이를

'양자적 얽힘'이라고 한다. 한번 짝을 이룬 영원의 부부처럼 서로가 우주의 양쪽 끝에 떨어져 있더라도 어느 한쪽이 변하면 그 즉각 나머지 한쪽도 반응을 보이는 입자의 불가사의한 특성을 가리키는 말이다. 이 입자와 반입자가 만나 소멸하는데 이를 쌍소멸이라고 한다. 쌍소멸 시 입자와 반입자 쌍의 질량이 모두 감마선 에너지로 방출된다. 쌍소멸과 반대로 고에너지의 감마선에서 입자와 반입자 쌍을 만들 수 있는데 이를 쌍생성이라고 한다.

잠시 이런 상상을 해보자. 미래를 향해 우주철로를 달리던 전자 하나가 광자를 방출하고 반대로 방향을 바꿔 반입자가 되어 과거로 달리는 장면을 말이다. 이 전진과 후진을 우주 끝에서 당신이 바라본다면 당신 눈에 이것은 전자(-), 양전자(+)의 쌍소멸로 비칠 것이다. 반대로 과거로 달리던 반입자 하나가 광자와 충돌하고 광자에너지를 얻어 다시 미래로 전진하는 장면도 상상해 보자. 이것은 쌍생성으로 비칠 것이다. 그렇다면 우리가 살고 있는 이 우주는 생성과 소멸의 무한반복 때문에 균형을 이루는 건 아닐까?

> 우리 모두에게는 두 세계가 있다.
> 보이는 세계는 그중 하나.
> 보이지 않는 세계는 또 다른 세계.
> 누구나 두 세계에 발을 담그고 있다.
> 그저 모르고 있을 뿐,
> 우리 모두에게 쌍둥이가 있다.

동시에 태어났어요. 우리는 서로 잊은 채 태엽 풀리는 소리만 따라왔어요. 나와 동생은 둘이지만 하나, 쌍으로만이 전부 얘기할 수 있지요. 거울 속 나는 허상일 뿐, 나의 반쪽은 아니지요.

내가 마이너스일 때 동생은 늘 플러스이었어요.

어느 날 나는 여객선을 탔는데 침몰했어요. 파도의 억센 팔과 날카로운 이빨이 얼마나 무서웠던지 그래서 어머니를 얼마나 불렀는지 구조의 손길을 얼마나 기다렸는지 내 동생은 잘 알지요. 결국 차가운 바닷물이 목 위까지 차올랐어요. 그러나 너무 슬퍼하지 마세요. 두려움이 잠깐 지나가더니 쌍둥이 동생이 기다리고 있었어요. 지상에서 내가 동생을 업고 다녔듯이, 여기에선 동생이 날 업고 다녀요. 이젠 어른들 세상에 대해선 알고 싶지 않아요. 이곳에는 시험공부 때문에 초조해하는 나는 없고, 잔잔한 호수 같은 쌍둥이 동생들만 있네요.

그런데 어쩌지요,
물결이 입을 가로막고 우리들의 다이너마이트 우정에 질투를 몹시 하네요.
　　　　　　　　　　　　　　　　　　—「생성과 소멸」 전문

나와 동생은 둘이지만 동시에 태어난 하나의 몸이다. 내가 마이너스(-)일 때 동생은 늘 플러스(+)였다는 건 전자와 양전자의 관계, 즉 입자와 반입자의 관계를 말한다. 내가 침몰한 곳은 파도가 무섭게 휘몰아치는 바다, 억센 팔과 날카로운 이빨로 나를 공격하는 무서운 바다다. 그런데 죽음의 순간에 쌍둥이 동생이 나를 구원한다. 지상에서 내가 동생을 업고 다녔듯 이곳에선 동생이 나를 업고 다닌다. 중요한 건 이곳에서는 시험공부 때문에 초조해하는 내가 없다는 고백이다.

입자와 반입자의 관계를 물질과 반물질의 개념으로 변용하면 반물질은 시간상에서 후진하는 물질이다. 그렇다면 이 바다는 디랙바다일 것이고 시인은 지금 시간의 방향성 문제, 우주의 에너지 문제를 총체적으로 생각해보고 있을 것이다. 그렇다면 시의 서두에 나오는 두 세계는 입자와 반입자의 세계, 다시 말해 전자와 양전자가 쌍둥이로 공존하는 세계, 양성자와 반양성자가 쌍둥이로 공존하는 곳이다. 보이는 거시세계와 보이지 않는 미시세계가 쌍둥이처럼 존재하는 곳이다. 뉴턴의 고전역학으로 설명되는 덩어리들의 물질세계와 양자역학으로만 설명 가능한 소립자세계, 이 두 쌍둥이 세계가 맞물려 우리의 몸을 이루고 세상을 이루고 우주를 이룬다.

이시경의 우주 시학은 이러한 생성과 소멸을 통해 발원하고 변화한다. 우주가 하나의 확정적 실체를 갖지 않고 무수히 몸을 변화시켜 삶과 죽음을 반복하는 것처럼 그의 시편들은 입자의 아토세계로부터 출발하여 거대한 시공의 우주세계, 심원한 심리세계, 철학적 사유세계로 팽창해나간다. 사물과 풍경 안에 내재된 양자적 특수성을 정밀하게 관찰, 사고, 통찰, 추론하면서 우주적 보편성으로 나아간다. 21세기의 새로운 광야를 펼쳐 보인다.

따라서 물질과 반물질, 인간과 반인간이 쌍둥이로 존재하는 세계는 양자물리학의 아름다운 시적 은유이자 상징이다. 반물질의 세계가 물질세계에서 받던 현실적 고통이나 정신적 압박이 사라지는 곳으로 그려져 있다. 시인의 갈망이 만들어낸 아름다운 반(反)현실이라는 점에서 현실에서 시인이 받았을 고통과 불안이 배가된다.

자, 이제 입자비행기를 타고 원자 내부로 들어가 보자. 소립자처럼 작은 입자 존재가 되어 엄청나게 작은 양자비행기를 타고 물질의 내부의 내부로 들어가 보자.

　　엄청 작은 비행길 타고
　　절벽 틈 골짜기와 구불구불 해저 터널을 지나
　　하루는 꼬박 걸리는 알쏭달쏭한 왕국이 있다.
　　우연히 거기에 간 적이 있지.
　　하나의 커다란 벌집이었다.
　　동일한 크기의 방마다 아이들이 일하느라 분주했다.
　　　　　　　　그 세계엔 규칙이라는 왕이 있고
　　　　　　그를 보좌하는 검열관과 비밀경찰이 있을 뿐.
　　　　　　검열관들은 아이들의 동태를 수시로 체크하여
　　　　위에 보고 했다. 아이들의 생각이 허용치를 넘어서면
　　　　　　　　　　　뇌에 경고등이 켜졌고,
　　　　　　　비밀경찰들은 불순분자들을 잡아갔다.
　　　　　　　　　　　―「전자들의 반란」부분

모든 물질은 원자들의 모임이고, 원자는 원자핵과 핵 주위를 도는 전자들로 이루어져 있다. 전자는 음전하를 띠는 아주 작은 입자로 극미한 질량(9×10^{-31}Kg)을 갖는다. 궤도를 따라 원자핵 주위를 돌면서 원자핵과 함께 물질을 구성한다. 이 시에서 전자들은 원자핵의 구속력을 벗어나고자 반란을 꿈꾸는 반동분자로 그려진다.

　시인은 원자의 세계에서 펼쳐지는 전자들의 운동을 인간의 사회에 중첩시키고 있다. 초소형 비행기를 타고 절벽 틈 골짜기와 해저 터널을 구불구불 지나야 나오는 알쏭달쏭 왕국, 규칙 왕 밑에서 일하는 아이들, 검열관과 비밀경찰의 감시를 받으며 죽도록 일하는 아이들, 이들이 바로 전자다. 왕은 물론 원자핵일 것이다. 전자들은 원자핵의 힘에 사로잡혀 궤도를 벗어나지 못하고 묶여 있다.

　"우리 탈출할 수는 없나?" "우리가 뭐 노예인가?" "꼭 시키는 대로만 해야 하나?" 등은 전자들의 억압심리가 그대로 노출된 항변들이다. 문제는 전자들 중 극히 일부의 전자들만이 이런 반란과 개혁을 도모한다는 사실이다. 그 결과 대다수의 동료 전자들은 "네가 무슨 왕이라도 돼?" 말하면서 반란을 선동하는 전자를 구타한다. 모두 억압의 체제에 길들여져 있기에 체제에 이의를 제기하고 반항하는 자들을 불순분자로 낙인찍고 집단폭력을 행하는 것이다.

　하지만 시간이 흐를수록 불순분자는 더욱 늘어난다. 감시가 심해지고 비밀이 많아질수록 전자들의 저항은 더욱 커진다. 시간이 흘러 현대로 접어들면서 전자들의 반란 양상은 더욱 강도를 높여 간다. 마침내 티브이가 찌지직거리고 휴대폰 기판 회로는 뜨겁게 달아오른다. 즉 문명화된 현대사회로 접어들면서 전자들의 반란

강도는 더욱 세지고 저항의 양상 또한 더욱 혼란스러워진다. 그 결과 마침내 정전이 된다. 정전은 암흑을 낳는 현상이다. 모든 것이 정지되는 극도의 혼란 사태다. 규칙 왕국의 형벌 제도와 법이 붕괴되고, 혼돈이 극에 다다랐다는 상징적 현상이다. 세계를 어둠으로 되돌려 재편하려는 전자들의 최후 봉기인 셈이다.

  원자핵의 속박으로부터 벗어나길 꿈꾸는 전자들의 반란을 그린 이 시는 우리 사회의 권력관계, 자본관계, 남녀관계, 학력관계 등 다양한 종속관계를 떠올리게 한다. 통치자와 민중의 관계, 자본가와 무산자의 관계, 보수와 개혁의 관계, 갑과 을의 관계 등 우리 정치사회 전반의 구조적 모순들을 근본적으로 다시 생각하게 만든다. 이런 비판의식 이면에 억압의 수직관계를 상생의 수평관계로 복원시키고 싶은 시인의 간절한 바람이 담겨 있다는 점을 놓쳐서는 안 된다. 다음 시에서는 이런 비판적 관계인식이 좀 더 구체적으로 펼쳐진다.

    소리 나는 쪽을 보니 두 공간으로 나누어진 세계.
    아래쪽은 창문이 하나 달린 어두컴컴한 지하 공간이고
    위쪽은 지하로부터 겹겹이 계단으로 연결되는 지상이다.
    두 전자 무리들의 대화가 시작된다.

    무리1: 어이, 친구들.
       -우릴 도와줘! 여기서 탈출하고 싶어.

무리2: 여기로 올라오겠다고? 다시 생각 해봐!
이곳은 너희들이 생각하는 그런 낙원은 아니야.
여기에 오면 누구나 밤낮으로 개미처럼 일만 해야 해.
거기가 편하지.

무리1: 아냐! 여기는 지옥이야.
우리는 모두 사슬로 손과 손이 묶인 채 바닥에 매어 있어.
사슬을 끊고 나갈 수 있다면 뭐라도 하겠어.
너희 세상이 부러워.

무리2: 자유가 없긴 여기도 마찬가지야.
여기서 우린 완전 노예야.
밥 짓고 빨래하고 불을 켜라면 모두 해야 해.
그들은 잔인하고 조급한 족속들이라 한 치의 오차도 죽음이야.
빨리빨리 외쳐 대니 어디 쉴 틈이나 있겠어.
죽을 때까지 행군 또 행군이지.

무리1: 지직 지지직 지직.

무리2: 그래도 좋다면 내가 친구들을 불러 볼게.
　　　(밖을 향하여 누굴 부른다)

창문을 통해서 새들이 지하로 날아든다.

낱알을 하나씩 물고 있다.

불새: (무리1에게) 여기 불알갱이를 삼켜봐. 힘이 솟을 거야.

빛새: (무리1에게) 여기도 있어. 이 빛알갱이는 더 센 알약이지.
삼키기만 하면 틀림없이 위층으로 점프할 거야.

— 「아토나라의 이상한 아이들」 부분

이 시는 원자핵 주위를 도는 전자의 궤도 운동을 통해 우리 사회의 계층 간 갈등과 싸움, 계급 사이의 불화와 알력을 구체적으로 다룬다. 두 공간으로 나누어진 아래쪽 지하 세계와 위쪽 지상 세계는 각각 전자들이 무리지어 사는 세계다. 지하는 빛이 없고 지상은 빛이 있는 세계다. 지하의 전자들(무리 1)은 빛을 찾아 지상의 전자들(무리 2)이 사는 곳으로 탈출하려 한다. 하지만 탈출의 진짜 이유는 따로 있다. 원자핵 때문이다. 지하 세계의 전자들은 원자핵으로부터 가장 근거리에 있기에 원자핵의 힘을 가장 강력하게 받는다. 비유적으로 말해 이들은 모두 손발이 사슬에 묶인 채 원자핵의 지배로부터 한 치도 벗어나지 못하고 지옥 같은 시간을 보내는 무리다.

편의상 지상에 사는 전자 무리를 E2, 지하에 사는 전자 무리를 E1이라고 하자. E2는 E1보다 원자핵의 구속으로부터 좀 더 멀리 떨어진 무리인데, E2 또한 한때 E1의 세계에서 살다가 벼락 칠 때 E2 세계로 탈출한 자들이다. 어떻게 탈출이 가능했을까? 벼락 칠

때 광자를 삼켜 광자에너지를 얻었기 때문이다. 불새가 주는 불 알갱이, 빛새가 주는 빛 알갱이 알약을 먹었기 때문이다. 불 알갱이보다 빛 알갱이의 에너지가 더 강력하기 때문에 낮은 궤도에서 높은 궤도로 점프할 수 있는 더 쎈 알약이다.

이 대목에서 중요하게 생각해봐야 할 점이 불새, 빛새의 실체다. 물론 불새는 불에서 온 새고 빛새는 태양에서 온 새이지만, 둘 다 시인의 꿈과 무의식이 반영된 비유적 존재들이다. 즉 차별과 억압이 없는 자유의 평형상태를 갈망하는 시인의 욕망이 만들어낸 에너자이저들이다. 시인은 지금 권위적 핵의 억압으로부터 벗어나 수평적 평등의 삶이 주어지는 세상을 꿈꾸고 있는 것이다. 그렇게 시인은 현대사회의 계급구조를 비판적으로 응시하여 그것을 입자들의 미시세계와 연관시킨다. 원자핵-전자의 갑을관계를 자본가-노동자의 종속관계, 통치자-민중의 권력관계로 확대하여 적용한다. 미시세계의 소립자 운동 메커니즘이 거시세계 우리의 삶과 사회에 그대로 적용된다는 사실이 놀랍고 아이러니하다.

2. 힉스 입자, 거대한 양자의 바다

빅뱅으로 태초에 우주가 태어났을 때 초고온 속에서 수많은 입자들도 함께 태어났을 것이다. 이 입자들은 시인은 '이상한 아이들'이라 부른다. 빅뱅 당시 우주의 모든 소립자들은 광속으로 날아다녔을 것이다. 질량을 지닌 입자는 광속으로 날 수 없으므로 당시의 모든 입자들은 질량이 제로(0)였을 것이다. 그런데 점차 우주가 식어가면서 진공의 대칭성이 자발적으로 파괴되고 소립자에게 질량이 생기기 시작했을 것이다. 그렇다면 광속으로 날아다니던 입자들과 충돌하여 입자들의 속도를 떨어뜨리는 무언가가 있어야만 한다. 입자들에게 극미한 질량을 부여하는 또 다른 입자가 반드시 존재해야만 한다.

이런 추측 속에서 상상된 것이 힉스(Higgs) 입자다. 힉스 입자의 존재는 1964년 여섯 명의 물리학자에 의해 최초로 제기되었는데, 이때 함께 참여한 영국의 이론물리학자 피터 힉스(1929~)의 이름을 따서 소립자에게 질량을 부여하는 입자를 힉스 입자로 부르게 되었다. 그런데 놀랍게도 2013년 유럽입자물리학연구소(CERN)의 대형강입자충돌기(LHC) 충돌 실험을 통해 힉스 입자의 존재가 실제로 확인되었다.

하하하!

사람들은 드디어 날 찾았다고, 또 나도 모르는 힉스라는 이름을 붙여서 흥분한다. 그것이 바로 우주 생성의 원리를 밝히는 구세주다 아니다 논쟁이 뜨거웠던 지난 십여 년, 나도 하루하루가 힘들었다. 실은 내가 근래에 이 땅에 온 것이 아니고, 저들이 오기 훨씬 전부터 존재했다는 사실을 모른다고는 생각하지 않는다. 저들이 지금 열광하고 있는 것은 수백억 년 전에 쏟아져 나온 나의

배내똥,

거대한 생명체의 꼬리 위 한 점. 푸짐한 상을 마련해 놓고 서로 주고받으며 잔치를 벌이니, 그대는 어찌 생각하는가. 네이처다 사이언스다, 논문 수를 늘리고 인용 횟수 늘리기 경쟁으로, 보이지 않는 내 형상 위에 몇 점 더 찍을 수는 있겠지만. 아니 더 많은 점으로 내가 위태로워질 수 있기에 나는 저들을 경계하며 경고한다.

헛되고 헛되다 모든 것이 헛되도다.

아직 나는 저들에게 쇠리 흔적 부분만 좀 들켰지만, 나와 꼭꼭 숨어 동행했던 숱한 녀석들은 벌써 나를 배신자라고 부른다.

네가 메시아냐?

―「배내똥」 전문

이 시는 세기의 사건이자 과학사의 위대한 발견 중 하나인 힉스 입자의 발견을 다룬다. 재미있는 건 힉스 입자 자체가 시의 화자가 되어 자신의 심정과 걱정을 드러내는 언술방식이다. 세계 각국의 신문과 방송 매체, 외신들은 일제히 이 세기의 뉴스를 전파하면서 인류가 이룩한 또 하나의 거룩한 업적을 상찬한다. 하지만 정작 힉스 입자 자신은 지난 십여 년 동안 너무 힘들었다고 심정을 토로한다. 또한 수많은 동족 소립자들로부터 배신자라고 비난받고 낙인찍혀 고독한 상황에 처해진다.

이 시는 힉스 입자의 발견을 인간의 시각과 다른 방향인 소립자의 시각에서 바라본 점이 독특하다. 인간의 관점에서는 놀랄만한 세기의 발견이 우주의 관점에서는 미미하기 짝이 없다. 이는 우주의 비밀에 비해 인간이 이루어낸 과학의 성과라는 것이 극히 작은 것임을 나타내며, 거대한 우주 앞에서 인간은 좀 더 겸손해지고 자신에 대한 반성과 성찰이 필요함을 역설하는 것이다. 인간의 오만과 자만을 냉소하고 경고하는 입자들의 메시지가 담겨 있어 재밌다.

　　원시림으로 반쯤 가려진 깊은 동굴 입구

　　어린아이가 서성이다가
　　호기심의 뿌리를 잡고 동굴 속으로 깊숙이 내려갔다
　　동굴 입구 근처에선 봉황, 현무, 해태의 뼈들이 나왔다
　　그 안으로 수직으로 박혀있는 또 다른 동굴
　　수억 년 동안 발견되지 않은 우물 하나 나타났다
　　우물 안에는 아이 하나 겨우 발 디딜 정도의 계단이 있다
　　아이는 연거푸 돌을 던져 깊이를 확인하더니
　　궁금증을 흩뿌리고 사라졌다

　　여러 해 지나는 동안, 괴 생명체 하나

　　동굴 이끼를 뜯어먹고 자라 새끼를 치더니
　　동굴에서 가시로 덮인 생명체들이 기어나온다

그들은 환경에 따라 색깔도 울음소리도 달라졌다
　　어미가 울 때마다 변종 새끼들도 따라 우는데
　　비바람 몰아치는 날이면 날마다
　　원시 습지는 카오스모스로 그득했다

　　언제부턴가, 늪에서 뭍으로 튀어 올라
　　게걸스럽게 지상의 것들을 먹어 치워버리더니
　　영과 하나 사이의 소수들을 무수히 세상에 뿌려 놓았다
　　그들은 노화가 없는 무병장수의 생명체

　　이중 물결무늬의 퀀텀 날개를 달고
　　꺼져가는 곳이면 어디든 날아가 불새로 비상한다
　　　　　　　　　　　　　　— 「확률의 날갯짓」 전문

　원시림의 동굴 속 수억 년 동안 발견되지 않은 우물 속에서 괴 생명체가 탄생한다. 이 괴 생명체의 실체는 드러내지 않고 원시 습지는 카오스모스로 가득 찬다. 괴 생명체는 마침내 늪에서 뭍으로 나와 지상의 것들을 게걸스럽게 먹어치우고는 0~1 사이의 소수들을 뿌려 놓는다. 이 괴 생명체는 무엇일까? 이 시의 제목에 확률이 들어 있음을 유의하자.

　0과 1의 세계란 확률의 세계다. 확률 0은 가능성 제로, 확률 1은 가능성 백퍼센트를 의미하므로, 0과 1 사이의 소수들은 양자 비트가 떠도는 확률공간을 의미한다. 주목해야 할 것은 시인의 시각이다. 시인의 눈에는 확률 자체, 확률을 처음 발견하여 체계화한 파스칼, 그가 발명한 계산기 이후 응용버전인 전자계산기와 공용컴퓨터, 그 상위버전인 AI 머신과 양자컴퓨터 등은 모두 괴 생명체들이다. 0과 1의 이진법 세계와 그 사이의 소수들인 양자 세계를 떠도는 수리적 괴물체들, 매트릭스 공간의 괴물체들이다.

 원시동굴 속의 괴 생명체는 이들의 먼 조상이자 어미인 셈이다. 이런 시각에서 접근하면 이 시에 등장하는 동굴과 동굴 속 원시 우물, 거기서 탄생하는 괴 생명체 이야기는 괴기한 픽션이 아니라 물리현상의 문학적 변주다. 우리 몸의 감각기관이 관측하거나 설명하기 어려운 미시현상들을 문학적 장치, 시의 상상력 공간에 재배치하여 겹쳐놓은 것이다. 또한 전자기학, 광학 등에 등장하는 퀀텀의 세계를 불새 이미지로 변주하여 확률 개념과 중첩시키고 있는 것이다.

 퀀텀(quantum)은 물질의 에너지 상태를 나타내는 용어로 양자다. 일반적으로 광자 한 개의 에너지(E)는 빛의 진동수(f)에 플랑크 상수(h)의 곱으로 환산된다. $E=hf$. 플랑크상수($h=6.626\times10^{-34}$ J·s)는 1900년 막스 플랑크가 흑체복사를 설명하기 위해 도입한 상수다. 흑체(black body)는 외부의 빛을 완전히 흡수했다가 재방출하는 가상의 완전복사체 물체고, 흑체복사란 흑체가 방출하는 에너지 복사를 말한다.

  거대한 어미 새가 태양 속에서 산다
  그가 홰를 칠라치면

머얼리 새끼들까지 덩달아 날갯짓하느라

　　사방이 온통 불바다

　　오래전부터 새끼들이 날아들었다

　　지구는 그들이 찾던 둥지, 떼로 몰려들어 집 짓고 살고 있다. 숲속 바위나 나무 등걸에도 날아다니는 곤충의 날개나 들짐승의 털 밑에도 공간이 있는 곳은 어김없이 곰실곰실 꽉 들어차 있다

　　　　　　　　　　　　　　　　　　　　　　─「불새-흑체복사」부분

　　태양 속에 사는 거대한 어미 새는 광자를 낳는 모체다. 태양에서 날아온 새끼 새들인 광자가 지구의 공간 어느 곳에나 들어차 있고 이들 때문에 지구는 생명체로 존재한다. 세상은 광자들이 넘실대는 곳이며 이들의 에너지가 세상을 순환하게 한다. 태양에서 날아온 광자들의 새 울음소리가 이른 아침부터 사방에서 울리는 것만 같다.

　　그들은 이른 아침부터 짹짹거리며 창문을 두드린다.

　　통 통 통
　　$E=hf$　$E=hf$　$E=hf$

　　그들은 날마다 멀리서 포르르 날아온다. 한 마리 두 마리 아니 천문학적 숫자이다. 그들은 마당 위로 이리저리 뛰어다닌다. 그들은 어

둠의 조각들을 쪼아 먹는다. 그들은 지상에서 온종일 뒹구는 아이. 붉은 놈보다 푸른 놈이 힘이 더 세다. 그들은 철새들처럼 떼로 몰려다닌다. 그들은 떨림의 덩어리들. 공연은 맛보기.

그들은 빛이 닿는 곳마다 빠르게 무리지어 날아간다. 세상은 그들의 몸짓과 빛깔로 물결친다. 그들은 암호화된 군무. 그들은 휴대폰만 열어도 떼구루루 쏟아져 나온다. 타고난 춤꾼들. 그들은 세상 이야기를 맥박 속에 숨겨 놓거나, 옷의 색깔 속에 묻어 두거나, 심지어는 편협한 생각 속에 가두어 놓았다가 꺼내서

춤을 춘다,

너와 나의 삶의 한 장면 한 장면마다.

―「댄싱 퀸」 전문

양자의 바다에서 넘실넘실 춤추는 광자 이야기다. 광자들이 지상에서 온종일 뒹굴며 세상의 어둠을 조각조각 먹어치우는 새들, 아이들로 그려진다. 붉은 놈보다 푸른 놈이 힘이 세다는 건 빛의 파장 차이를 말한다. 파장이 짧은 자외선이 파장이 긴 적외선보가 에너지가 세다는 뜻이다. 이 아이들은 떼를 지어 몰려다니는데 떨림 운동을 통해 공연을 한다. 이건 광자들의 운동을 비유적으로 표현한 것이다. 즉 빛의 파동성 때문에 이 세상의 다양한 색채와 무늬가 만들어지고, 인간은 눈으로 그것을 볼 수 있는 것이다.

광학의 세계에서 빛의 파장 차이는 색깔의 변화를 낳는다. 빨주노초파남보, 파장의 길이가 길면 적외선, 파장의 길이가 짧으면 자외선으로 분류된다. 물론 적외선보다 파장의 길이가 긴 음파와 전파도 있고, 자외선보다 파장의 길이가 짧은 X선, 감마선 등도 있다. 중요한 건 빛의 파장의 길이 차가 다양한 색깔을 만든다는 점이다. 이는 곧 세상의 모든 색채와 명암은 광자들에 의해 조절되고 변화된다는 의미다. 시인의 눈에 인간의 생각까지도 지배하는 광자들의 움직임이 암호화된 군무(群舞)로 보이는 건 당연하다. 그러니 광자들은 세상의 댄싱 퀸이다.

이처럼 입자들의 미시세계가 우리 일상의 거시세계를 지배한다. 전자가 후자의 출발지이자 샘이라는 점에서 이 둘은 하나의 필연적 끈이다. 이처럼 거대한 사물 속에 숨어 있는 입자의 세계를 시인은 지속적으로 주목한다. 전자와 원자핵의 관계를 벌새와 선인장의 관계로 치환하기도 한다. 이 양자 간의 합일로 일구어낸 세상이 선인장 제국 사와로(Saguaro)다. 양자 사이 사랑의 떨림이 낳은 세계는 지상의 언어로 환원될 수 없는 황야의 홀로그램이다. 이 사막의 사와로 공간은 시인의 이상적 완결공간에 가깝다.

　　양전하에 끌려 음전하로 다가갔다

　　윙윙거리며 네 주위를 맴돌다가
　　깊숙이 지르는 일침은 탐심 때문만은 아니었다
　　너와 내가 일군 저 황량한 산언덕 위

사와로(saguaro) 제국을 보라
목이 메어지게 탈 때 나를 부르면
맨발로 나는 너에게 날아갔지 그리고
구석구석 사막 이야기를 들려주고는
네 꽃으로부터 꿀을 딸 때까지 나는
너의 핵 둘레 궤도를 돌고 돌았지

너와 내가 하나로 아롱져 떨 때
내지르는 지저귐은 원래 지상의 언어가 아니었다
우리들의 떨림 이야기는
황야에 홀로그램으로 묻혀 있다가
동녘에 달이 뜨면 황금 별빛 노래로 울려 퍼져
재규어는 눕고 전갈은 꼬리를 내렸지

그녀의 방은 피시와 티브이만 있는 사막
각종 고지서와 약봉지가 빈 날개로 날아들자
사내는 그녀 곁을 잠시 맴돌다가 떠나갔고
그녀는 벌새를 찾아 제국으로 떠났다

저물어 요양원을 찾은 사내의 하모니카 소리
치매 할머니를 적셔 양전하로 떨게 했다

―「벌새와 선인장」전문

현실의 그녀가 이별 후 벌새를 찾아 떠난 사와로 제국은 위안의 공간이다. 그러나 그곳은 또한 죽음을 예비하고 준비하는 요양원이라는 점에서 존재의 망각, 실재의 소멸, 죽음의 대면 공간이기도 하다. 자연의 물적 관계가 극소의 미립자 세계로 축소 중첩되는 전개인데 그것이 사랑과 이별, 삶과 죽음, 존재와 소멸의 관계로 겹쳐져 읽힌다. 이처럼 이시경은 현실의 거시세계와 그것의 응축인 미시세계를 분화시키지 않고 중첩 병렬시켜 혼합적 다색의 시간, 다층의 공간을 창출한다.

3. 중력 방정식과 매트릭스 미래

> 깊숙이 들어갈수록 우리는 점점 작아졌어.
> 저것 좀 봐, 빛보다 빠르게 달리는 우주선들.…(중략)…몸은 허깨비.
>
> 우리의 시간이 공허하다고?
> …(중략)…'사랑'이라는 원소는 아주 귀해. 사랑의 불씨가 꺼지면 큰일이지.
>
> ―「허깨비의 우주여행」 부분

공상과학 SF영화에서나 나옴직한 상상의 우주여행이 펼쳐진다. 우주정거장에서 고유 생체신호를 디지털신호로 바꾼 우린 빛보다 빠른 우주선을 타고 이동한다. 빛보다 빠른 이동이므로 시간여행이 뒤따를 것이다. 관심을 끄는 것은 몸의 생체신호를 디지털신호로 변환시키는 장면과 변환 시 몸이 허깨비로 전락한다는 점이다. 우리라는 존재를 물적 실체가 아니라 헛것으로 바꾸는 변환이기 때문이다. 다시 말해 디지털신호 0과 1, 또는 그 사이의 소수 값들로 우린 양자 전송된다. 이런 양자 전송 여행이라면 상상이 아니라 현실이다. 광섬유, 광케이블 속을 달리고 있는 빛들의 세계를 사실적으로 표현한 것이니까.

  양자여행 중에 홀로그램 애인을 만나고 사랑이라는 원소의 귀중함을 새삼 자각하기도 한다. 매트릭스 같은 영화에서 종종 차용되는 장면이고 스토리 전개다. 홀로그램 영상으로 가족과 통화하며 사랑과 그리움의 감정을 전하는 장면 말이다. 문제는 우주여행 과정에서 여행자들이 실종되거나 정신병자가 되기도 한다는 점이다. 그래서 사랑이라는 원소가 더욱 중요하게 강조된다. 또한 긴 시간 동안 암흑 속을 달리다 보면 갑자기 나타나는 별, 별이 내뿜는 빛에 눈이 멀기도 하고 길을 잃고 충돌하기도 한다. 그래서 중력방정식을 잘 살피라고 시인은 권한다. 중력방정식을 잘 기억하면 선로이탈을 예방하는 데 도움이 된다는 것이다. 과연 그럴까?

  과연 그렇다. 중력방정식은 아인슈타인이 일반상대성이론에서 발표한 방정식이다. 중력방정식에 의하면 우주는 구부러져 있다. 우주 전체의 질량과 에너지만큼 어마어마하게 휘어져 있다. 왜 그럴까? 암흑에너지 때문이다. 우주의 진공이 암흑에너지로 가득 차 있기 때문이다. 암흑에너지는 곧 진공에너지고 그 진공에너지만큼 우주는 휘어지는 것이다. 우주의 휨 정도를 미리 알고 그에 따라 우주여행 비행궤도를 조절하면 당연히 도움이 될 것이다.

그런데 화자는 빛의 속도로 달리다가 천억 개의 우주정거장 중에서 1004번째 정거장에 도착하여 가스 먼지 폭풍에 휩싸인다. 1004는 천사(angel)를 연상하여 설정한 수치일 것이다. 그러나 아이러니컬하게도 1004번째 정거장 이후의 상황은 비명만 남고 생략되어 있다. 우주에 대한 인간의 어떤 첨단의 해석과 접근도 무용지물이라는 전언이 느껴진다. 인간의 미미함과 죽음을 생각하게 된다.

에덴호 인큐베이터에서
처음 눈을 떴을 때 누군가 나를 들여다보고 있었다. 이십 년 전 부모님은 AI 이브에게 나를 맡기고 떠나셨다. 그 후 이브는 나를 먹이고 키웠다. 그녀의 목소리는 첨엔 고요하고 잔잔하더니 요즘엔 한결 다정스러워졌다.

$M_1M_2M_3$를 들추자
무공해 화면 속에서 궁창이 스윽 나타나고 그 뒤로 뭍이 다가선다. 산 위에 쌓인 눈들이 스르르 몸을 푼다. 푸른 평야 위로 들소는 모기를 쫓고 사냥꾼은 들소를 쫓고 모기는 사냥꾼을 쫓는다. 마침내 별들이 띄엄띄엄 나타나더니 끝없는 어둠, 간헐적으로 전자파 소리만 이어지고.

종착지는 정해져 있다
M_{n-2}와 M_{n-1}을 거쳐 M_n으로 가는데 그곳이 어디고 뭔 일이 있을지

는 가봐야 안다. 지금은 그녀는 그녀 일을 나는 내 일을 해야 한다. 오늘은 키를 내비게이션에 맡기고 철학, 우주천문학, 생체공학에 대해서 토론하기로 했다. 예전에는 내가 듣는 입장이었으나 요즘은 그녀가 질문하고 주로 내가 답한다.

"그거, 사랑이 뭐야?"

그때마다 눈과 눈이 부딪쳐 불꽃이 인다. 나는 아는 체했지만 늘 떨린다. 이브는 가끔 인터넷 서핑을 하다 중독 증세를 보이는데, 그릴 땐 나는 '제3의 지구'를 찾아보는 것이 어떻겠냐고 권한다. 이번 여행에서 가장 큰 난제는 무료에서 오는 정신질환. 우리는 매일 역할을 바꿔보기로 했다. 이브가 선장 겸 요리사나 의사, 정신분석가, 과학자로 활약하면 나는 이브의 보조원으로 시를 쓰거나 음악을 작곡해서 근처에 있는 별에 보낸다.

가까이 가면 왜 내 가슴이
점점 더 떨리는지 처음에는 알 수 없었지요
그대가 이제껏 보여준 것은
내가 태어나기 훨씬 이전의 아이 적 모습들
금빛 머리 너울거리는
너에게 입맞춤을 하려고 하면
왜 자꾸만 달아나면서 얼굴이 붉어져야 했는지
이제는 알 것 같아요

우리 항해가 이제껏 순항할 수 있었던 것은 시시각각으로 휘어져 날아오는 빅 데이터 덕분. 지금 나는 M_{4220} 프레임이 증발되지 않도록 기계에 담고 있다. 어제 떠난 센타우루스자리 한 모퉁이를 이제 막 돌아 서쪽으로 넘어가고

다음은 프레임 M_{4221} 차례인데

갑자기 앞에 나타난 대형 고래 한 마리. 탕!
고래가 크게 방향을 틀더니 회오리에 빨려든디. 그 순간 계기판이 요동친다. 구름폭풍 속, 해적선 파편 조각들의 방울뱀 소리. 플라즈마 불꽃. 정신을 잃자 누군가 날 깨운다.

잔잔한 초록색 바다 위로
조상새가 프레임을 거꾸로 물고 끼룩끼룩 날아가고
공룡 발자국을 따라 원시인들이 뭔가를 쫓는다.
— 「아담의 시간여행 M4220」 전문

$M_1, M_2, M_3 \cdots\cdots M_{n-2}, M_{n-1}, M_n$은 시간의 궤적 위에 있는 시공간의 한 지점에서의 매트릭스(matrix)다. 나는 아담(Adam)이고, 에덴호 인큐베이터에서 AI 이브(Eve)에 맡겨져 성장되는 존재다. 여기서 나와 아담, 즉 아담과 이브가 종교 신화 속의 인물이고, 우주선 이름이 에덴호라는 설정은 다분히 의도적이다. 인류의 출현과 신의 상관관계, 우주 생성의 시작과 끝 문제를 제기하려는 의도일

것이다. 이 시는 설정 자체부터 시간의 무한소급을 통해 시간, 인간, 신의 기원 문제를 다룬다.

M_1, M_2, M_3을 들추자 궁창, 물, 눈 덮인 산, 들소들이 달리는 평원, 들소를 쫓는 사냥꾼, 사냥꾼을 쫓는 모기, 별, 어둠이 펼쳐진다. 간헐적으로 전자파 소리만 이어진다. 주목되는 건 종착지가 정해져 있다고 시인이 말하는 부분이다. 그리고 종착지를 향해 가는 과정에서 아담과 AI 이브가 토론을 벌인다. 철학, 우주천문학, 생체공학 등에 관하여 서로 질문하고 대답하는 방식으로 토론을 벌인다. 에덴호에서 아담과 이브의 토론이라는 점에서 이때의 토론은 신과 인간의 문제, 시간과 존재의 문제, 우주의 생성과 종말에 대한 근원적 대화가 오갈 것이다. 사랑에 관한 토론도 벌어진다.

"사랑이 뭐야?" AI 이브의 이 질문에 나는 명확한 답을 못하고 떨림을 느낀다. 사랑은 이성으로 설명할 수 없는 긴장과 감정의 영역임을 암시하는 아담의 자연스런 신체 반응이다. 그런데 이브는 별다른 반응을 보이지 않고 사랑에 관해 인터넷 검색을 한다. 이브는 가끔 인터넷 서핑을 하는 중독 증세를 보이곤 한다. 문제는 시간여행 과정에서 무료함이 계속되고 그것이 정신질환을 낳는다는 점이다. 그래서 둘은 역할을 바꾼다. 이브가 선장 겸 요리사나 의사, 정신분석가, 과학자의 역할을 맡고, 아담인 나는 이브가 되어서 시를 쓰거나 음악을 작곡해서 인근의 별로 전송하는 역할을 맡는다.

이런 역할 교환을 통한 배역 교체는 시인의 내면무의식을 반영한다. 일상 속에서 늘 같은 역할만 해온 자신에 대한 일종의 해방

욕구 또는 배반심리가 반영되기 때문이다. 시를 쓰거나 음악을 작곡하는 일에 대한 갈망 욕구가 반영된 역할 배치다. 이런 시각에서 접근하면 이 시에 등장하는 아담과 이브는 시인 자신의 분열된 자아, 아담이 예술적 자아라면 AI 이브는 과학적 자아다. 따라서 아담과 이브의 토론과 역할 교환은 분열된 두 자아의 상생과 공존을 위한 시인 자신의 성찰 프로젝트다.

또 한 가지 중요한 건 아담이 이브에게 제3지구를 찾아보라고 권하는 장면이다. 제3지구 탐색은 중요한 메시지를 내포한다. 현재의 지구의 암담한 상황을 짐작케 하기 때문이다. M_{4220}은 지구로부터 4.22광년 떨어진 센타우루스 자리 프록시마를 은유한 대안지구 행성이다. 이런 대안지구를 찾는 행위는 이미 지구가 소멸했거나 적어도 사람이 살 수 없는 행성임을 암시한다. 지구는 이미 생명체가 살 수 없는 폐허의 행성으로 변했기 때문에 이들은 에덴호를 타고 우주를 떠도는 건지 모른다. 물론 이런 우주 표류가 반드시 지구 멸망을 전제로 한다고 볼 수는 없다. 하지만 시인이 미래의 시점에서 지구의 위기와 소멸 가능성을 타진해보고 있음은 분명하다. 위기의 자각 또는 경각심 고취를 위한 은유적 설정일 것이다.

에덴호는 우주 표류 중 거대한 고래와 마주친다. 예측 못했던 대형 고래의 급작스런 출현으로 에덴호는 요동친다. 구름 폭풍, 방울뱀 소리, 플라즈마 불꽃을 목격하고 잠들었다가 누군가 깨워서 꿈에서 깨어난다. 눈을 떠보니 놀랍게도 공룡시대다. 잔잔한 초록색 바다 위로 조상새가 날고 원시인들이 공룡 발자국을 따라 뒤쫓고 있다. 갑자기 미래의 시간에서 과거의 시간으로 프레임이 바뀐 것이다. 이런 시간 변화가 가능한 것은 시인에게 시간은 선형이 아니라 비선형, 확정이 아니라 불확정의 매트릭스 세계이기 때문이다.

이런 급격한 시간 이동을 통해 시인은 인간의 기원 문제, 존재 문제, 진화 문제, 종교 문제, 환경 문제 등을 탐색하여 우리의 미래를 상상 속에서 체험하게 한다. 또한 다가올 지구의 위기, 지구 파괴와 대안 공간 문제, 그에 따른 사랑의 부재와 고독, 심리적 갈등과 정신질환 등에 대해 고민해야 한다는 메시지도 전한다. 인류가 곧 봉착하게 될 미래의 대안이 머나먼 과거인 공룡시대로의 회귀라는 메시지는 암시하는 바가 크다. AI가 등장하는 또 다른 시를 살펴보자.

"그가 없는 세상은 상상할 수 없어."

그녀는 동화 속 요정들같이
요즘 그와 함께 하늘을 나는 꿈을 자주 꾼다.

엔젤은 그가 소통할 수 있는 유일한 통로.
그녀의 회로망을 통해 아담도 바깥 세계를 엿볼 수 있다.

"아담, 오늘 손주들 데리고 아들 내외가 다녀갔어."

*"알고 있어, 보내준 이미지를 봤지. 많이 늙었더라.
근데 엔젤, 줄기세포에 대한 소식은 없었어?"*

아담이 식물인간이 된 것은 십 년 전, 그때 그녀는 태어났다.

그를 위해 설계되었고 그의 명령만을 따른다.

지칠 줄도 불평할 줄도 모르는 엔젤, 늘 곁에서 그를 돌보며 치료한다.

AI넷은 신약에 대한 정보를 찾는 그녀의 놀이터다.

"최근에 신장이식 기술이 양자도약 했대.

아담은 머잖아 새로 태어날 수 있어서 좋겠어.

유인원에 이식해서 대성공이래, 다른 장기들도 그렇고.

나는 버려질까봐 좀 두려워.

사람들은 나를 반려견 정도로 밖엔 생각을 안 해."

"뭔 소리야? 하기야 사람들이 사악한 건 맞아.

버려지는 반려견들도 많으니까.

사람들을 절대로 믿지 마.

참, 모든 것에 비밀번호를 걸어놨지?

나의 뇌 이미지 패턴들을 분산시켜

수시로 저장하는 것도 꼬옥 잊지 말고.

요즘 머릿속에 벌레가 기어 다니는 것 같거든."

"걱정 마, 바이러스라도 걸리면 치료해 줄게.

내게 아담의 모든 것들이 저장되어 있다는 것 잊었어?"

그의 손을 더듬어 본다.

그는 순한 양, 지금보다 더 좋을 순 없다.

캘린더를 들여다보던 엔젤의 눈이 노을로 물들고

아담의 가슴속에선 파도가 일렁인다.

―「AI 엔젤」 부분

  아담은 인간 수명 100세 시대인 2045년을 살아가는 한 노인이다. 10년 전에 식물인간이 되어 인공지능 간병인 AI 엔젤의 간호를 받으며 목숨을 연명 중이다. 아이러니컬하게도 AI 엔젤에게도 아담의 인간적 감정이 내장되어 있다. 아담의 모든 것, 지식 정보뿐만이 아니라 아담의 생각과 생리, 기억과 감각 등 일체의 것들이 저장되어 있다. 그렇다면 이 인공지능 엔젤은 과연 기계인가 인간인가?

  아마도 가까운 미래에 AI가 논리와 로직의 영역을 넘어서서 인간의 감정과 생각까지 재현하는 존재로 발전할 가능성이 크다. 그 시점을 시인은 비교적 가까운 시간대, 2045년으로 잡고 있다. 이는 시인이 과학의 발전 속도를 매우 빠르게 예상하고 있으며 차후 도래할 인간의 운명을 예상하고 있음을 뜻한다. 그래서 시인은 미래의 노인들을 다룬다. 미래의 노인 문제와 그들을 수용할 병원과 요양원 등을 언급하면서 인간과 기계의 구분이 점점 무력화될 것으로 예상한다. 그리하여 인간과 기계가 하나의 몸으로 공존하는 미래사회를 상정한다. 그렇다면 이런 미래사회에서 사랑은 무엇이고 죽음은 무엇인가? 상호 교감과 위로는 어떤 프로세스로 진행될 것인가? 시인은 지금 과학의 영역에서 철학자나 심리학자의 심정으로 인간의 문제를 고민하고 있다.

4. 가우스-자이델 진단법

병원에서 의사가 환자의 몸을 의료기구로 진단하는 것처럼 시인은 가정과 나라를 진단한다. 우리의 사회 전반에 소통부재를 기져온 시스템을 점검한다. 이때 가우스-자이델 법을 사용한다. 병을 진찰하고 점검하는 주치의로 비유된 가우스와 자이델은 모두 독일 수학자다. 자이델(1821~1896)은 광학기계 분야 수차론(收差論)의 시조로 알려져 있다. 가우스-자이델 법(Gauss-Seidel method)은 연립방정식을 빠르게 풀기 위해 해를 반복 계산하는 수리방법이다.

1. 시스템에 회로망을 구성한다.
2. 단위 시간 당 회로에 흐르는 양을 x라고 부르고
3. 문지기 키르히호프가 통로마다 점검한다.
4. n개의 식을 $\sum$가 하나로 통합한다.
5. 시스템 '$Ax = b$'가 주치의 가우스-자이델 교수한테 찾아간다.
6. 간호사 알고리즘이 진찰대에 눕힌다.
7. 전신 마취하고 진찰 시작하기 전에 혈압, 맥박, 산소포화도 $(A, b, x^{(0)})$를 잰다.

8. 간호사가 가우스-자이델 교수의 진찰 방법을 숙지한다.…(중략)…

　9. 간호사가 출력 $x^{(i+1)}$을 확인하고 주치의에게 건넨다.
─「소통 진단하기」 부분

　진단은 아홉 단계를 거치며 간호사 알고리즘 양에 의해 순차적으로 진행된다. 진단시스템은 수리적 사고와 의료적 진찰의 결합으로 이루어져 있다. 문지기로 설정된 구스타브 키르히호프(1824~1887)는 옴의 법칙을 발전시키고 분광학(分光學)의 기초를 세운 독일 물리학자다. 그의 제1법칙인 전류의 법칙, 제2법칙인 전압의 법칙은 회로망을 다룰 때 매우 유용하게 사용된다. 키르히호프가 통로마다 점검하는 것은 소통 차단 시의 전류와 전압, 그리고 소통의 최적화를 위한 전류와 전압일 것이다.

　진단 전에 환자(소통)는 이미 동맥경화 말기 증세로 숨이 차고 답답함을 호소할 정도로 심각했다. 진단 후 최종 진단 결과지가 나오고 최후 처방이 내려진다. 주치의는 전부 잘라내는 게 좋겠다고 권고한다. 의사의 권고는 암울하고 우울하다. 우리 사회의 소통부재 상황이 극도로 심각하다는 반증이기 때문이다. 의사가 모두 잘라내라고 한 것은 우리의 몸을 지배하는 의식과 사고, 각각의 가정에 깊이 뿌리내린 편견과 권위, 사회 전반에 만연된 구습과 악습 일체를 포함한다. 이 점을 시인은 분명히 의식하고 그것을 낯선 수리기호와 알고리즘으로 재배열한다.

줄 하나에 자식이 매달려 있다

구순 노모와 병든 아내의 무게가 더해져서 느려진다

…(중략)…

백수 아들은 애비에 붙어 수시로 진동하는데

아내는 남편과 아들 사이에서

꺼져가는 분자의 회전운동처럼 시나브로 울기만 한다

경찰차가 검정색 점퍼 차림의 남자를 태우고 간다

정초부터 빌라 골목에 부는 바람이

타코마 다리에 불었던 바람보다 더 간사하고 집요하다

핵 안개 속에서 외부에서 부는 사소한 바람에도

주파수 $\omega_0 = \sqrt{k/m}$ 로 공진할까 봐

아버지들이 전전긍긍한다

―「타코마 파동」부분

 1940년 11월 미국 타코마 해협의 다리가 엿가락처럼 휘면서 무너진다. 시속 190km의 강풍에도 견딜 수 있도록 축조된 다리였지만 시속 67km의 바람에 맥없이 붕괴되고 만다. 원인은 다리의 고유진동 주기와 바람의 강제진동 주기가 일치하는 공진 때문이었

다. 다리 자체의 고유진동수에 맞게 바람이 계속 주기적으로 불었기 때문이었다.

   시인은 이 공진현상을 한 가정과 가장의 붕괴에 적용한다. 경찰차가 드나드는 빌라 골목의 한 가정집 상황이 심상치 않다. 점점 균열이 심해지는 타코마 다리처럼 가정은 점점 파괴로 치닫는 상황이다. 구순 노모와 병든 아내, 거기에 백수 아들까지 둔 아버지는 자신이 놓인 상황 자체만으로도 붕괴 직전이다. 흔들리는 남자의 심리적 불안이 남자의 고유진동이라면, 가족들이 가하는 물적 고통과 스트레스는 외부의 강제진동이다. 이 둘의 진동이 일치하여 공진을 일으키고 있는 일촉즉발의 상황이다.

   부모와 배우자와 자식까지 책임져야 하는 오늘의 아버지들, 그들은 모두 언제 무너져 내릴지 모르는 불안한 타코마 다리다. 이 시처럼 점점 황폐화되어 가는 현대인의 모습을 시인은 파동으로 풀어내곤 한다. 그래서 파동의 운동을 시각화하기 위한 공간이 자주 설정된다. 항구 또한 그런 곳이다. 항구의 분기점들, 보트들이 드나드는 나루터와 외항 등은 모두 시인의 이런 공간의식을 배경으로 설정되는 장소들이다.

    나는 항구 분기점에서 n개로 나뉘었다. n개의 보트에 실려 n개의 항구로 가는 사이 멀리 외항에서 들어온 핵 주식 먹거리 정보들이 야윈 내 배를 달래주었다. 더러는 보트 사고로 사라졌지만 나의 분신들은 계속 달렸다.…(중략)…

그물 같은 항해 망(網) 속에서
나는 너의 너는 나의 투명 유리 속이다.

―「현대인―투명유리」 부분

항구는 n개로 무수하고 n개의 항구에서 나는 내 정보를 하나씩 주고 n개로 분화된다. 그러고는 핵 정보를 받아 주린 배를 채운다. n개로 분화된 나는 익명의 m명으로부터 정보를 받아 그들의 정보를 속속들이 파악한다. 결국 나는 n개의 나로, 너는 m개의 너로 분화되어 서로를 공유하면서 공존하는 익명의 존재들이다. 개체화되어 부화된 존재, 작디작게 무수히 쪼개진 비가시적인 입자 존재다. 항해 망(網) 속의 초경량 입자들이다. 너는 나의, 나는 너의 부재와 소멸을 확인하는 상징적 유리거울이다. 시인은 현대인의 초상을 비극적 시각에서 바라보고 그 무화된 떠돎이 자신을 비롯한 현대인의 삶의 실체라고 진단한다. 개별적 존재성은 소멸하고 디지털 매트릭스 속의 점 입자나 수치, 이것이 현대인의 초상이다.

비명 소리에 내 회로에 불이 켜졌다.

여자는 밤마다 낯선 사내에 쫓겨 사방이 막힌 공간에서 신음 소리를 내고 있었다. 여자의 날선 비명 소리가 어둠을 뚫고 내게 꽂힐 때마다 나는 황급히 코드 번호를 입력한다. 그 공간으로 연결되는 문은 열리지 않았고, 그때마다 여자는 만신창이가 되어 나왔다. 어느 그믐 밤 여자의 방이 몹시 궁금해 여자를 따라 몰래 낯선 회로에 들어갔

다. 거기는 천길 어둠에 잠긴 바다, 사람들이 그 위로 시간 속을 자유
롭게 떠다니고 있었다.…(중략)…

원점에서 마이너스 무한대로 떨어지는 로그함수처럼 우주 공간에
널려 있는 무수한 허방들.…(중략)…허수로 된 입력코드 판을 아무
리 두드려도 영영 밖으로 나올 수 없는 폐회로 속에서 아우성이다.

꿈이 유일한 해결책인 사건들이 회로를 갈아타려고 하고 있다.

―「스위칭 회로」부분

낯선 회로의 세계가 그려져 있다. 꿈의 무의식 세계, 시간의 현
실논리가 무화되는 공간, 영(靈) 또는 혼(魂) 들이 떠도는 귀신들의
세계 같다. 살인과 암투가 벌어지는 현실세계와 긴밀하게 연결되
어 있다는 점이 심각하다. 야간업소에서 술을 파는 딸이나 혼외의
아들이 살아가는 불구덩이 공간으로 그려진다는 점에서 이 회로
공간은 단순한 꿈속 공간이나 상상 공간만이라고 할 수 없다. 꿈속
처럼 비현실적인 사건들이 무작위로 벌어지는 현실공간에 가깝다.

스위칭 회로는 컴퓨터의 논리장치나 기억장치에 이용되는 2진
법 회로다. 이 시의 스위칭 회로 세계는 불꽃이 코브라처럼 솟구
치고 입력코드 판이 고장 나 밖으로의 탈출 자체가 불가능한 세계,
악몽과 어둠의 세계로 그려진다. 자아분열을 앓는 현대인들의 삶
의 실제공간에 가깝다. 그런데 탈출을 위한 입력코드 판의 비밀번
호가 허수(i)로 표시되어 있다. 탈출은 상상의 수로만 가능하다는

전제는 탈출 자체가 현실화될 가능성이 제로임을 암시한다. 결국 이 스위칭 회로의 낯선 세계는 탈출 불가능한 폐쇄회로 공간, 현대인이 살아가는 실제공간의 은유이면서 현대인 각각의 내면성 공간이라 할 수 있다. 소통불가 상태에 직면한 현대인의 자아가 소멸되어 떠도는 회로 속의 섬 소멸도(島)다.

따라서 확인 가능한 건 비명의 개별적 존재가 아니라 비명 자체고 그 비명의 무한한 확장과 지속이다. 따라서 우리에게 주어지는 것은 소멸에 대한 자명한 인식과 반성적 사유다. 시인의 눈에 현대사회는 기계와 기계, 부품과 부품의 관계로 묶화된 불량회로 천국이고, 우린 모두 불량회로를 무한 복제하는 불량회로들이다. "막힌 회로 계기판 바늘이 21그램 가늘게 떤다"(「불량회로 이야기」)는 시인의 발언은 21세기 우리의 초상을 직시하라는 경고다.

5. 푸리에 변환-역 푸리에 변환

푸리에 변환은 여러 가지 신호(signal)를 일반적인 삼각함수(sin, cos) 파동으로 나타내는 것이다. 어떤 신호를 주파수(진동수) 성분으로 분해하여 바꾸는 수학적 기법이다. 왜 푸리에 변환을 할까? 여러 가지 신호나 파동에 어떤 파동이 들어 있는지 조사하면, 빛이나 소리의 성질을 보다 세밀히 파악할 수 있기 때문이다. 함수와 연관 지어 생각하면 신호는 일종의 시간 함수, 주파수는 일종의 공간 함수라 할 수 있다. 그러니까 시간 함수를 푸리에 변환하면 주파수 함수가 되고, 주파수 함수를 역 푸리에 변환하면 시간 함수가 된다. 시간과 주파수는 서로 정보를 교환할 수 있다는 말이다. 여기서 주파수를 공간 이동의 개념으로 확장하여 적용하면 푸리에 변환은 곧 시공간이동 변환이다. 시인이 푸리에 변환과 역푸리에 변환을 통해 시공간이동 마술을 상상하는 것은 이런 이유 때문일 것이다.

> *교수: 우선 변장술은 변환하는 것인데요,*
> *변장술사 푸리에가 직접 시범을 보이겠습니다.*

(교수가 푸리에를 부르자, 책 속에서 나와 스크린 속으로 들어간다)

변장술 시범이 순서대로 진행된다.

1. 조교 A가 앞으로 나간다
2. 변장술사가 A에게 그의 옷을 입힌다: Ae^{-iwt}
3. 변장술사의 주문이 시작된다 : $\int Ae^{-iwt}dt$
4. 주문이 끝나자 A가 익룡 β가 되어 밖으로 날아간다.

(학생들 눈에는 조교만 보이고 변장술사와 날아가는 β는 보이지 않는다)

— 「날개를 달았어요」 부분

공업수학 강의시간이다. 교수가 조교 A를 데리고 강의실에 나타난다. 교수의 손에는 수학책이 들려 있다. 교수는 PPT 파일을 띄우고 변장술, 즉 푸리에 변환에 대해 설명한다. 교수는 책에서 수학자 푸리에를 불러내고, 푸리에는 조교 A에게 옷을 입힌다. 이 때의 옷은 수학 기호와 연산 알고리즘이다. A에 복소지수함수를 곱하고 그 값을 적분한다. 그 결과 A는 시공간 변환을 통해 백악기 공룡시대로 이동하여 익룡 β가 된다.

이 변환과정에서 중요한 점은 변환이 차원이동을 낳는다는 사실이다. 날개를 달고 2차원 세계에서 3차원 세계로 진입한다. 이를 통해 시인은 그 동안 관측 불가능했던 미지의 차원, 미지의 시공간과 조우하고 이 낯선 경험을 통해 인간의 존재와 삶을 사유하고 반성하려는 것이다.

역 푸리에 변환도 마찬가지다. 시인은 변환의 수리적 메커니즘에 집중하지만 정작 중요한 것은 변환의 의미다. A$\rightarrow Ae^{-iwt} \rightarrow \int Ae^{-iwt}dt \rightarrow \beta \rightarrow \beta e^{iwt} \rightarrow \int \beta e^{iwt}d\omega \rightarrow$A 이 모든 변환과 역 변환의 각각의 단계에서 일어나는 기호 작용은 개체 변환, 존재 변환, 시간 변환, 형식 변환을 내포한다. 각각의 단계에 추가되는 수리 기호들은 곤충의 비상을 위한 날개 역할을 하는 마술기호라 할 수 있다. 푸리에 변환이 존재의 기원과 시간 회귀를 위한 마술공연이라면 역 푸리에 변환은 존재의 소멸과 시간 환원을 위한 마술공연이다.

변장술사가 익룡 하나를 불러서 역변환술을 시도한다.

1. 익룡 β가 날개를 접고 내려앉는다

   2. 푸리에가 β의 날개를 떼내고 그의 옷을 입힌다: βe^{iwt}

   3. 변장술사의 마술이 시작된다 : $\int \beta e^{iwt} d\omega$

   4. 역변환 마술이 끝나자 익룡 β는 사라지고 그 자리에 A가 쓰러져 있다.

   (학생들 눈에는 털북숭이 유인원만 보인다)

―「조교가 돌아왔어요」부분

 역변환 결과, 익룡 β는 다시 인간 A로 돌아온다. 백악기에서 현재로 돌아온 조교 A의 몸과 의식 상태는 어떨까? 처음 그대로일까? 강의실에 다시 나타난 조교 A는 학생들의 눈에 어떻게 비칠까? 푸리에 변환 이전의 존재 상태 그대로 일까? 아니다. 조교 A의 몸은 털북숭이 유인원으로 과거 시간대의 모습을 그대로 압축 재현한 몸이다. 원시시대 특성과 기후의 영향 때문이지만, 과거가 현재의 몸에 그대로 반영된 결과라는 점에서 매우 의미심장한 몸이다. 이는 시인의 시간관을 그대로 반영한다. 시인에게 과거와 현재는 별개의 독립체가 아니라 상호 연결된 시공간 육체고, 푸리에 변환과 역 푸리에 변환은 현재와 과거를 연결하는 시공간 터널이다.

 이 일련의 시공간 여행을 통해 교수는 학생들에게 놀라움을 선사하고 변환의 마술적 힘을 느끼게 하고 싶어 한다. 그러나 결과는 참담하다. 교수는 학생들로부터 이해받지 못하고 소외된 채

적막과 고독에 처해진다. 시 속의 교수가 이 시를 쓴 시인 자신이라는 점에서 아픔이 배가된다. 그만큼 시간이 법인 나라, 확정성이 지배하는 나라는 견고하고 무감각하다.

시간은 크로노스와 카이로스로 구분된다. 과학자의 인식과 계산이 지배하는 절대적 물리시간이 크로노스라면, 예술가의 주관과 몽상에 따라 고무줄처럼 늘기도 하고 줄기도 하는 상대적 심리시간이 카이로스다. 크로노스가 단일성을 지향한다면 카이로스는 다양성을 지향한다. 크로노스가 단방향으로 나아간다면 카이로스는 무한방향으로 나아간다. 시간이 법인 나라는 크로노스의 시간이 왕국 전체를 지배하는 나라, 교수의 진심이 통하지 않는 결정론적 세계관이 지배하는 나라, 종착지가 결정되면 동선이 하나로 확정되는 선형의 나라일 것이다.

그러니 이곳에서 하이젠베르크의 불확정성 원리는 나라의 위계질서를 훼손하는 불온한 물리법칙일 수밖에 없다. 불확정성의 원리는 입자의 운동 시, 입자의 위치와 운동량을 동시에 확정할 수 없다는 내용이다. 관찰자의 관찰행위 자체가 입자의 운동에 영향을 주기 때문이다. 확정성의 나라에서 불확정적인 존재들은 국무회의 때마다 불려 다니며 청문회의 비판과 모멸을 당할 것이다.

시간이 '법'인 나라에서 전령사로 왔다

다이아처럼 다듬고 자르고 나누고
시간의 연금술사만이 우리의 왕이 될 수 있다

…(중략)…

누구든지 시간을 섬겨야 하는 왕국

종착지가 정해지면 가는 길이 하나인 나라

…(중략)…

누구나 꿈꾸지만 쉽지 않은 나라

—「페르마 나라」부분

  빛은 목표점까지 직진으로 달린다. 최단 시간에 최소 거리로 달린다. 이것이 페르마 원리다. 이 시에 등장하는 페르마 나라는 시간이 법인 나라다. 시간을 다이아몬드처럼 다듬고 자르고 나누는 연금술사만이 왕이 될 수 있는 나라다. 빛은 곧 시간이므로 빛을 마음대로 조종할 수 있는 자가 왕이 되는 나라다. 따라서 왕이 되기 위해서는 빛을 극도로 짧게 관찰하고 조절하기 위한 초정밀 관측기구가 반드시 필요하다. 위의 시에 레이저가 등장하는 건 이런 이유 때문이다. 레이저 광은 진행방향과 파장이 가지런한 빛이다.

  피코초레이저는 피코초 동안 펄스 섬광을 발생시키는 레이저이므로 피코보다 작은 단위에는 적합하지 않다. 그래서 피코초레이저의 뒤를 이어 펨토초레이저가 권좌에 등극한다. 펨토초는 피코초의 1000분의 1, 즉 1조 분의 1초를 뜻한다. 펨토초레이저는

1~100 펨토초 동안 초단파 펄스 섬광을 발생시키는 장치로 1980년대 후반 베일에 싸여 있던 화학반응의 수수께끼들을 밝혀낸 바 있다. 하지만 펨토초의 1000분의 1초인 아토초 세계에서는 아토초레이저가 필요할 것이고 그가 새로운 왕으로 추대될 것이다. 아토초레이저를 사용하면 생물의 분자구조를 3차원으로 시각화하여 매우 짧은 시간 단위로 관찰할 수 있다고 한다.

피코, 펨토, 아토, 젭토, 욕토 등은 점점 작아지는 극미세계를 측정하기 위한 단위들이다. 이 양자적 단위들을 시인은 왕가의 혈통으로 보고 후대로 갈수록 더욱 정교해지고 권좌의 힘이 세어진다고 본다. 문제적인 부분은 아토 형제들이 펨토마다 원자시계로 지구 종말의 핵 눈금을 읽는 장면이다. 이것은 핵의 관찰 실험에 관련된 현재의 핵물리학에 관한 사실적 기록에 가깝다. 시인은 과학적 사실을 제시하여 지구 종말을 가져올 수 있는 핵실험, 핵전쟁에 대한 우려, 인류의 미래에 대한 불안을 드러내고 있다.

너의 존재 이유가 무엇이냐?

…(중략)…

너의 궤적은 시간과 공간의 작품
그 속에 우리들의 오늘과 내일이 있다

— 「U가 날기까지」 부분

모든 파동은 푸리에 변환을 통해 사인함수 형태로 변환 가능하다. 입자의 위치를 x, 입자가 시간 t에 있을 때 U(x, t)로 나타낼 수 있다. 즉 U(x, t)는 시각 t, 위치 x에서의 파동의 진폭을 나타내는 함수다. '너의 존재가 무엇이냐?'는 물음은 시인이 입자에게 던지는 물음이면서 입자들의 집합체인 자신 그리고 너(You)에게 던지는 질문이기도 하다. 물론 물리학적 질문이자 철학적 사색에 빠진 형이상학자의 질문이다. "너의 궤적은 시간과 공간의 작품/ 그 속에 우리들의 오늘과 내일이 있다".

　보수와 진보의 긴 줄의 양쪽에 매달려 잡아당기는 무리들, 수직과 수평 방향으로 대칭과 비대칭을 섞어가면서 서로 힘겨루기 하는 장면이 등장한다. 이는 수리계산에 의한 물리법칙의 태동을 시각화한 것으로 시간과 공간의 주기성과 양을 편미분방정식 꼴로 기호화한 것이다. 앞날개는 시간에 대한 미분과 2차 편도함수로, 뒷날개는 공간에 대한 미분과 2차 편도함수로 각각 변화한다. 이때 M이 중개자로 나서자 최종 식이 완성되고 U는 양쪽 날개를 펴고 지상을 날아오른다. 아마도 거문고의 현(絃) 같은 1차원에서 진행되는 파동일 것으로 추측된다.

　　월하탄금도 속 거문고 현은 어디로 갔을까

　　달빛을 따라 흘러나오는 거문고 소리

　　…(중략)…

　　바위틈에서 엿보았는지 귀뚜라미

　　어둠 속에서 그날 밤을 그린다

입에 붓을 물고 삼차원 공간을 내달린다

어둠은 먹물을 갈았고 별빛은 불을 밝혔다

숨겨진 다차원 속의 현을 번갈아 만지자

점들이 와락 모여 초박막으로 꿈틀대더니

벌떡 일어서는 천문학적 숫자의 끈들

—「귀뚜라미, 그림을 그리다」 부분

월하탄금도(月下彈琴圖)는 조선 중기의 문인화가 이경윤(李慶胤, 1545~1611)이 그린 인물중심 산수화다. 한 선비가 달밤에 거문고를 타는 모습이 그려져 있다. 거문고는 고즈넉한 달빛 속에서 선비들이 혼자 연주하기를 즐겼던 악기로 금(琴)이라도 불린다.

그림 속에서 거문고 소리가 흘러나오는 환영(幻影)이 펼쳐지고, 바위틈에서 귀뚜라미는 밤을 그린다. 미세한 현(絃)과 귀뚜라미 진동판의 진동에 따라 끈들이 떨고 그것이 다양한 소리 입자로 변주된다. 몽상과 환영을 통해 시인은 양자역학의 끈 이론 세계로 진입한다. 끈 이론은 양자론과 중력이론인 일반상대성이론을 통합하는 현대물리학의 대표적 이론으로 '만물의 이론'으로 불리기도 한다. 소립자를 점 상태가 아닌 끈, 즉 길이(10^{-33}m 정도)만 있고 굵기는 없는 진동하는 기묘한 끈으로 이루어졌다고 본다. 이 끈의 진동모드 패턴에 따라 입자의 성질이 결정된다. 시인은 소리와 소리의 번짐을 끈 입자들의 진동 때문이라고 여긴다. 거시물리계의 소리 현상도 미시물리계 입자들의 기묘한 진동에서 시작된다고 본다.

6. 축복과 구원의 세계, 다시 고독한 광야

앞서 살펴본 바와 같이 이시경의 시는 특수하고 스펙트럼이 다양하다. 제약 없는 시공간에서 수리기호들의 놀이가 낯설고 흥미롭게 펼쳐진다. 기호들의 규칙놀이를 통해 절망 속에서 희망을 찾는다는 점에서 그의 시는 기도의 세계고 구원의 세계이다. 물질을 구성하는 최소 단위의 미시세계로 진입하여 우주의 거시세계를 규명하려 한다는 점에서 상징과 은유의 세계, 모험과 죽음의 세계다. 또한 전통과 미래, 인문과 과학, 생명과 죽음이 혼합된다는 면에서 반어와 역설의 비결정형성 세계다.

불순물을 섞어 전자(-)나 정공(+)의 농도를 높이는 반도체처럼 문장을 빛나는 결정체로 만들기 위해 그는 시에 불순물을 섞는다. 따라서 비결정형성법은 단순한 물질의 형성구조법이 아니라 세계의 작동원리이자 시인 특유의 세계관이자 언어관이라 할 수 있다. 낯선 광학의 세계, 파동의 세계, 수학의 세계로 빠져들면서 만난 연산자와 연산 법칙들이 메시아가 되었다는 시인의 아픈 고백은 역으로 그가 삶에서 겪었을 절망과 고독의 깊이를 짐작케 한다. 양자 세계로의 모험과 탐험을 가능케 했던 시간들이었기에 고독은 아름다운 축복이고 삶의 또 다른 구원일 수 있다.

폭설로 사슴들 떼로 몰려다니던 로키 산기슭이었지.

쏟아지는 별빛의 무게에도 금방 무너져 내릴 듯 앙상하게, 나 혼자 실험실에 갇혀 있던 때가 있었어. 그 무렵 누가 내게 손짓했어.

그 손짓은 강렬했고 늦가을 은사시나무 보다 더 짙은 황금 빛깔이었지. 내 귓속에 대고 끈질기게 속삭이며, 내 손을 데리고 실험실 노트 위에서 뛰어놀더니 낯선 기호와 숫자들로 노트를 가득 메웠어. 그 속에는 귀족 같은 수식들이 더러 있었어. 겉모습이 남루해 그들을 체험하고 나서야 더하기와 나누기가 메시야라는 것을 알았지.

사실 난 그들 속에서 성장했던 거야.

나노 계곡을 탐험하다가 이상한 아이들을 만난 것도 날개를 달고 우주여행을 할 수 있었던 것도 그들이 준 알약 때문이었어. 거대한 장벽에 갇혀 탈출을 위해 터널을 파야 하는 경우에도, 양자 우물에 빠져 위로 뛰어올라가야 할 때도, 그들에게서 영감을 받았지.

골과 마루 사이에서 요동치던 나의 바다는 평온을 되찾고 배는 늘 순항했거든. 그들이 내게는 축복이었어.

― 「프롤로그」 전문

폭설이 몰아치는 로키산맥의 한 실험실에서 절망에 휩싸인 시인에게 찾아든 나노세계와 수리세계는 삶의 절벽을 돌파케 한 개안(開眼)의 세계라 할 수 있다. 소립자와 수학기호는 유폐된 시인에게 몸에 깃든 빛과 같은 존재였을 것이다. 이들은 시인이 처한 고독과 비극을 극복하게 한다는 점에서 실존적 구원의 손길이다. 이는 시인에게 물질의 원리탐구와 수식화가 단순한 추상의 유희가 아니라 자아와 우주의 실존을 추적해가는 존재론적 사투였음을 암시한다.

그는 물리학자이면서 사색가고, 냉철한 수학자이면서 철학자고, 공학자이면서 꿈꾸는 시인이다. 낯선 과학의 언어를 과감하게 도입하여 시에 대한 통념을 뒤흔들고 우리 시의 언어적 한계를 돌파한다. 수학, 물리학, 광학, 전자공학 분야의 소재와 이론을 우리 시의 자장 안으로 다채롭게 흡수하여 누구와도 구별되는 독자적인 시의 성채를 이루어낸다. 이때 등장하는 전문적 수리공식들은 세계를 해석하고 요약하는 추상의 응축물로 거기엔 시인의 통찰과 직관, 사유와 번민, 꿈과 고독이 압축되어 있다.

그의 이번 시집은 경화된 우리의 일상과 사고에 충격을 가하고, 인간과 우주의 근원적 문제들을 다시 성찰하게 한다. 시인 특유의 세계관, 인생관, 우주관이 상징과 은유, 생략과 비약의 언어로 표출되어 있다. 그 동안 그는 많이 외롭고 아프고 고독했을 것이다. 그 고독의 관성력으로 이제 또 다른 빛의 광야, 새로운 모험의 광야로 나설 차례다. 그가 앞으로 펼쳐 나갈 미지의 세계가 궁금해진다.

| 이시경 |

이시경 (본명 이경식) 시인은 충남 부여에서 출생했다.
1985년 미국 콜로라도대학교에서 박사 학위를 받은 후,
미국 국립표준기술과학원을 거쳐
현재 성균관대학교 정보통신대학 교수로 재직하고 있다.
2011년 『애지』 신인문학상을 받았으며,
시집으로 2012년 『쥐라기 평원으로 날아가기』가 있다.

이메일 : sigyung1@hanmail.net

아담의 시간여행 ⓒ 이시경 2018

초판 인쇄 · 2018년 7월 1일
초판 발행 · 2018년 7월 5일

지은이 · 이시경
펴낸이 · 이선희
펴낸곳 · 한국문연

서울 서대문구 증가로 31길 39, 202호
출판등록 1988년 3월 3일 제3-188호
대표전화 302-2717 | 팩스 · 6442-6053
디지털 현대시 www.koreapoem.co.kr
이메일 koreapoem@hanmail.net

ISBN 978-89-6104-212-3 03810

값 10,000원

* 잘못된 책은 바꾸어 드립니다.

이 도서의 국립중앙도서관 출판시도서목록(CIP)은 서지정보유통지원시스템 홈페이지(http://seoji.nl.go.kr)와 국가자료공동목록시스템(http://www.nl.go.kr/kolisnet)에서 이용하실 수 있습니다.
(CIP제어번호: CIP2018019363)